商业优化案例
——基于管理系统模拟方法与 GPSS 语言

李 杰 李 艳 Chao-hsien Chu 杨 芳 著

科 学 出 版 社

北 京

内 容 简 介

　　管理系统模拟是一种辅助管理决策和系统优化设计的离散事件模拟技术，而 GPSS 是一种重要的模拟语言。本书应用管理系统模拟方法和 GPSS 语言模拟分析 11 个真实的商业案例，涉及银行、大型超市、快餐店、电影院、火车站售票窗口、高速公路收费通道、交通路口红绿灯、飞机票购买时机、药品库存采购、医院及手机维修中心，对案例研究全过程进行详细描述，分析现实系统存在的问题，给出优化方案。同时，本书在附录中介绍了 GPSS 语言基础。

　　本书可作为高等院校本科生或研究生管理系统模拟课程的教材或参考书，也可以为各类组织进行管理决策和系统优化设计提供参考和借鉴。

图书在版编目（CIP）数据

　　商业优化案例：基于管理系统模拟方法与 GPSS 语言/李杰等著. —北京：科学出版社，2016.3
　　ISBN 978-7-03-047835-1

　　Ⅰ．①商⋯　Ⅱ．①李⋯　Ⅲ．①管理信息系统–计算机模拟 ②GPSS 语言　Ⅳ．①C931.6 ②TP312

　　中国版本图书馆 CIP 数据核字（2016）第 056088 号

责任编辑：张　凯 / 责任校对：贾娜娜
责任印制：徐晓晨 / 封面设计：蓝正设计

科 学 出 版 社 出版
北京东黄城根北街 16 号
邮政编码：100717
http://www.sciencep.com

北京京华虎彩印刷有限公司 印刷

科学出版社发行　各地新华书店经销
*
2016 年 3 月第 一 版　开本：787×1092　1/16
2017 年 1 月第二次印刷　印张：11 3/4
字数：270 000

定价：64.00 元
（如有印装质量问题，我社负责调换）

目　　录

第1章 绪　论

1.1　商业管理现实问题

在现实生活中，需要进行优化的商业问题无处不在。第一类典型的问题是排队问题，其本质是资源配置优化问题；第二类典型问题是库存采购问题，其本质是库存积压与缺货的平衡问题。

排队问题的典型表现是顾客等待时间过长与服务员空闲并存，前者造成顾客的不满意而离开，后者造成服务资源的空闲浪费。例如，假期出行，在高速公路收费站排起长长的车龙，总共两小时的路段却可能需要等待半小时或更久才能进入；在医院，患者为了十分钟的医生诊断常常需要等待一两个小时甚至更长的时间；在银行，大厅里坐了几十人等着叫号，就为办理一两分钟的业务；在超市，收银台前排起了长长的队伍，顾客为了交钱而长时间等待。这种长时间的排队等待会造成顾客的强烈不满，甚至会中途离开，从此不再光顾，使商家失去本该赚到的利润。

显然，我们不希望顾客长时间的等待，因为会造成顾客的不满意而离开，以至于顾客不再光顾。与此相反，另外一种现象也是我们所不希望看到的，即服务系统存在严重的服务员空闲和服务资源闲置的问题。为了提高顾客满意度、减少顾客等待时间，我们增加了服务员或服务设施。但是，当服务员数量过多或者服务资源配置过剩时，会出现大量的服务员空闲的现象。显然，这种服务能力利用率过低的情况造成了企业资源的浪费和不必要的成本增加。

如何配置系统的能力资源才能实现顾客等待时间少并且设备利用率也保持在一个合适的水平？这是很多现实商业服务系统设计面临的一个重要的决策，事关该商业服务系统的成本和收入问题。该决策的关键是实现顾客等待时间和系统利用率的平衡，要在了解系统运行规律的基础上进行成本和收益的分析（图1.1）。

上述排队系统可以说无处不在，涉及人们日常生活中的各种服务场所，如银行、理发店、快餐店、超市、医院、红绿灯路口、高速公路收费站、公交车、地铁、火车站等。从提供服务的商家角度来看，涉及成本和收入的问题。从广大消费者的角度来看，涉及人民工作和生活各方面的质量和效率问题。

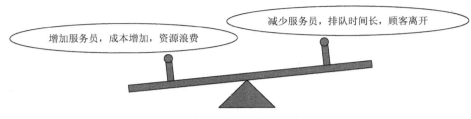

图 1.1　系统决策的平衡

在商业经营中，经常面临的另一重要问题是库存采购问题。药店面临药品采购优化问题，即什么时候应该进行药品采购、采购多少。超市、饭店、医院、银行、快餐店、杂货店等所有涉及商品生产和流通的企业都要面临这类库存采购问题。矛盾之处在于如何保持库存采购成本和缺货损失之间的平衡。如果大量采购，保持大量库存，尽管保证了不缺货，但会产生可观的库存成本和资金占用。如果尽量少采购，库存量减少，库存成本降低，但可能丧失销售机会，产生缺货损失。

1.2　系统优化方法

国际标准化组织（International Organization for Standardization，ISO）给出了管理系统的定义：一个管理系统是一个组织为实现其目标需要遵循的系统规程。一个有效的管理系统能够给组织带来三个方面的获益：更加有效地利用资源、改善风险管理、按照承诺及时提交产品和服务从而提高顾客满意度。

为了实现管理系统的优化，制定最佳规程，需要对管理系统内外各部分之间的关系进行建模和分析，探索系统的运行规律。由于建模难度大，管理系统是公认的复杂系统，体现在难解（complicated）和复杂（complex）两个方面[1]。

难解系统是指能够用数学模型描述，但数学模型过于复杂，无法用常规方法进行求解的系统。在管理领域，作业计划的编制、人员调度、库存控制、物流管理等均为难解系统。

复杂系统指那些由具有非线性、存在反馈回路关系的部件组成的系统，需要采用相互作用的动态关系进行描述。在管理领域，大量的管理决策层问题属于复杂系统。复杂系统具有动态性、不确定性、均衡性等特征，建模和分析的难度巨大。

对系统进行设计、分析、优化的方法可分为解析方法和模拟方法两类。两类方法的使用条件及优缺点如表 1.1 所示。解析方法是通过建立数学模型并求解最优解的方式来研究系统的运行规律并找到最优方案。解析方法的一个典型应用是运筹学领域通过线性规划求解最优产品生产数量以实现利润最大或成本最低。

表 1.1　解析方法与模拟方法的比较

方法	适用条件	优点	缺点
解析	相对简单的系统	能够找到理论最优解	需要较多的假设；对于复杂问题，难以建模和求解
模拟	简单和复杂系统	简单、成本低；不需要过多假设	较优解，不一定是理论最优解

解析方法的优点是对系统运行规律的描述清晰而明确，能够从理论上给出最优解，适

用于比较简单的确定性系统。对于能够使用解析方法解决的问题尽量采用解析方法。

随着系统复杂程度和不确定性的增加，通过解析方法进行建模和分析的难度也随之增大。对于复杂问题，基本上无法用解析方法，或无法建立解析模型，或找不到最优解，或者解的过程太费时而不可行。在这种情况下，模拟方法为我们提供了一条可行的问题解决途径[2]。

系统模拟方法能够对解析方法无法分析的复杂系统进行分析，不需要对系统进行过多的假设，且建模过程比较简单、建模成本低、一次建模多次使用[3]。模拟方法的不足在于得到的解是统计抽样观察的结果，是一个比较优的可行解，不是理论上的最优解[4]。

1.3　管理系统模拟及应用

管理系统模拟方法首先针对原有问题构成一个新问题，使新问题与原问题在数学上完全等价，同时能够对新问题进行统计抽样[5]。根据样本进行模拟运行并观察分析运行情况，得出所求的解。最后以得出的新问题的解作为原问题的解。因此，管理系统模拟方法的本质就是在一个与原模型等价的假想模型上进行统计抽样试验用以模仿在真实模型上的统计抽样[6]。模拟过程如图 1.2 所示。

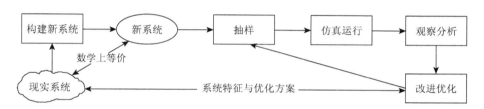

图 1.2　模拟过程

系统模拟方法可以作为系统分析工具和系统设计工具[7]。作为系统分析工具，通过系统模拟方法，分析现有系统的运行情况，分析某些因素变化对现有系统的影响，从而改进系统的配置，实现系统优化。例如，可以对医院系统、银行系统、超市系统等进行模拟分析，了解现有系统能力配置是否合理、顾客排队等待时间是否过长、系统资源利用率情况是否过高或过低，并采取针对性措施进行优化改进。

作为系统设计工具，通过系统模拟方法，可以设计一个新系统，并对新系统的运行进行模拟，预测在各种变化条件下新系统可能达到的性能，预先了解可能存在的问题，进行优化配置，从而实现新系统的优化[8]。

系统模拟的应用领域非常广泛，世界各国的学者进行了大量的研究，如库存采购系统[9]、生产制造系统[10-12]、移动终端资源分配系统[13]、物流系统[14]、交通系统[15-16]、医院系统[17]。

下面以交通路口和医院为例说明管理系统模拟方法要解决什么问题。

交通路口系统优化主要是指红绿灯的时间设置会直接影响道路交通的通行率。例如，对于两个方向均为主干道的十字路口，红绿灯的时间设置应该与客流量一致。现实往往存在红绿灯时间设定不合适的问题，一个方向绿灯时已经没有需要通行的车辆，另一个方向却有大量车辆等待，即路口空闲的同时有大量车辆等待。对于高峰期，红绿灯的持续时间应该较长，而对于非高峰时间，车辆较少，红绿灯时间应该缩短，减少车辆的等待时间。另外，还存在两个方向流量不对称的路口，如一个方向为交通要道的车流量大；另一个方向则为小路，车流量少。对于不对称路口，红绿灯的持续时间应该也有所不同，交通要道的绿灯时间应该长于红灯时间。通过系统模拟方法，基于车辆到达情况和道路通行能力，进行红绿灯时间的优化配置，能够大大减少车辆的等待时间，提高道路路口的通行利用率，缓解交通堵塞，提高道路畅通率。

对于排队系统，以医院为例进行说明。就医难已经成为影响民生的一个重要问题。就医难主要表现在热门医疗资源紧缺，患者等待时间过长甚至挂不上号。但是，有些时间段内医疗资源空闲的现象时有发生，有些医生诊室前门可罗雀的现象依然存在。根据实地的调查和收集的数据，通过模拟仿真的方法，分析患者的到达是否存在时间规律（星期几、几点），不同科室的医疗资源负荷是否存在差异，以及在紧缺医疗资源使用过程中是否存在利用不合理、医院科室布置是否合理等问题。针对发现的问题，通过对医务人员的工作时间的调整和配置，实现在患者到达的高峰期有较多的医疗人员，在患者较少的时段设较少的医生值班，达到患者等待时间短、医生空闲少的合理状态。

1.4　管理系统模拟的步骤

基于系统模拟方法对管理系统进行分析优化的步骤如图 1.3 所示。整个过程包括问题描述、数据收集与处理、模型构建、模拟程序设计、程序测试与模型验证、实验设计、模拟运行、结果分析与优化。需要特别指出，上述几个阶段之间的关系并不是完全的顺序关系，其中存在着并行、反馈和相互影响。

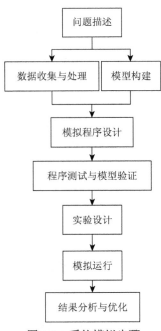

图 1.3　系统模拟步骤

1. 问题描述

问题描述阶段要明确研究背景、研究对象、研究问题和研究目标，即要对研究背景和研究对象进行简要的描述，对研究问题进行明确的定义，对研究目标进行具体清楚的确认。问题描述是模拟分析的第一步，也是最重要的一步，决定了分析的方向、角度和目标。在问题描述阶段，还要了解系统的主要参与实体、基本流程和需要哪些基本数据。

2. 模型构建

模型构建和数据收集与处理两项工作可同时开展，并相互影响。模型构建是进一步明确系统涉及的实体有哪些、实体之间的关系是什么、系统运作的流程和逻辑。简言之，模型构建就是基于现实的管理系统构建一个在数学上等价的逻辑模型，能够描述现实系统中的各构成要素、关系及过程。在现实系统中，可能存在各种各样的情况，很难完全进行模拟，需要进行一定的假设。例如，在银行、超市、医院等排队系统中，有时存在不守规矩的插队加塞现象。但是，由于加塞的概率比较小，一般不会对模拟结果产生显著影响，往往假设所有顾客都会遵守排队规则。

3. 数据收集与处理

数据收集与处理实际上包括两项工作，即现场数据的收集和对数据分布规律的分析。对于排队系统来说，需要收集顾客到达时间、服务时间、服务规则、服务能力等数据。对于库存采购系统，需要收集各时期的产品需求、采购成本、库存成本等数据。当然，对于需要进行成本或收益优化的系统，还要收集相关的顾客购买数量、购买金额及各种成本数据等。具体到每一个管理系统模拟项目，数据收集的需求由研究目标、模型假设、模型逻辑过程等多方面因素决定。

数据处理就是对收集到的数据进行数据清洗、数据变换和一定的统计分析，目的是得到数据的分布规律。前面已经提到，模拟的本质是统计抽样。实际上，数据收集的过程就是对现实系统进行抽样的过程。数据处理就是对现实抽样数据进行统计分析，得到分布函数的过程。模拟运行的过程就是基于仿真模型再次进行统计抽样的过程，如图 1.4 所示。

一般来说，系统模型与假设决定了需要收集什么数据。反之，数据的可得性又会影响系统模型。例如，在模型设计中考虑了极端例外情况的发生，但是如果这种极端例外数据的收集因为发生概率小而很难收集，或者由于系统的保密问题而无法收集，那么就要重新考虑这种极端例外情况对系统的影响是否可以在模型中忽略。因此，数据与模型是相辅相成互相影响的两个关键，可同时开展相关工作并相互协调。

4. 模拟程序设计

模拟程序设计就是根据模型和系统运行的数据规律，将系统运作过程程序化，用系统模拟语言进行系统的定义和构建。模拟语言种类很多，市面较常用的有 Arena、DYNAMO、EXTEND、GPSS（general purpose simulation system）、SIMSCRIPT 和 Simula 等。本书采用的仿真程序语言是 GPSS，是一种通用的模拟语言，已成为离散系统模拟领域的主流模拟语言之一。GPSS 最早由 IBM 于 20 世纪 60 年代开发而成，当时称为 GPSS（general purpose

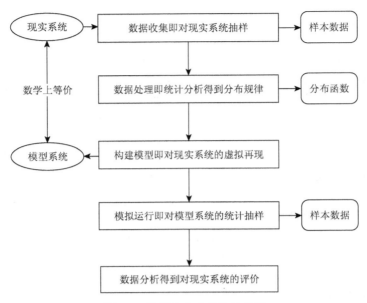

图 1.4 模拟的本质是统计抽样

system simulator）。目前，有代表性的两个版本是 GPSS/PC 和 GPSS/World。本书采用的版本是 GPSS/World，软件网址是 www.minutemansoftware.com，可免费从网上下载学生版软件、使用手册和教程等。GPSS 语言包括块语句、控制语句和定义语句三种。需要特别指出的是，GPSS 语言是按照顾客在系统中经历的路线来编写程序语句，每个 GPSS 语句实现一种功能。其中，每个块语句只有流动实体通过时才会起作用。GPSS 的详细介绍见附录 A。

5. 程序测试与模型验证

仿真运行前，GPSS/World 软件对 GPSS 程序进行编译。如果没有语言错误，系统提示编译成功，准备仿真。如果存在问题，软件会给出问题提示，显示错误语句及问题原因，便于修改。对于逻辑错误，软件无法检查和发现。因此，必须进行程序测试和模型的验证。一是在程序编写完成后认真检查阅读程序，看程序逻辑是否与模型和现实一致。二是要对程序进行运行测试，看仿真结果是否合理。

6. 实验设计

程序没有问题后，进行模拟仿真实验的设计，包括模式时间、模式次数、模拟条件等方面。具体在模拟优化实践中，需要根据现实系统特征和仿真模拟的结果进行探索性和验证性的多种尝试，动态调整模拟参数，发现系统的问题和不足，不断进行系统优化，最终找到最优方案。方案设计的根本出发点为管理系统模拟的本质是统计抽样，因此小规模的模拟分析现实意义不大，统计意义上的大样本仿真模拟才有价值。

7. 模拟运行

模拟运行即模拟软件按照模拟程序规定的逻辑和过程，对仿真系统进行抽样运行。下面以一个单服务员排队系统为例进行说明。假设该系统顾客到达的时间间隔为 5±2 分钟，即前后相邻顾客到达的时间间隔服从 3～7 分钟的均匀分布。顾客服务时间为 4±1 分钟，即顾客服务时间服从 3～5 分钟的均匀分布。对于每一个顾客，GPSS 系统根据到达时间间隔规律产生一个随机数，并由此确定顾客的到达时间间隔。同样，对于每一位顾客，GPSS 系统根据服务时间规律产生随机数并确定服务时间。假如系统确定前三位顾客的到达时间间隔分别为 5 分钟、3 分钟、3 分钟，服务时间分别为 3 分钟、4 分钟、4 分钟。第一位顾客将在时刻 5 到达，并马上开始接受服务到时刻 8。第二位顾客在时刻 8 到达，由于服务员在时刻 8 已经空闲，马上为第二位顾客提供服务到时刻 12。第三位顾客在时刻 11 到达，但此时服务员正在为上一位顾客服务，该顾客需要等待到时刻 12 才能开始接受服务，并到时刻 16 结束服务。GPSS 软件会按照程序的规定运行，直到满足停止条件为止。运行过程中，GPSS 软件会记录每一个事件发生的时间，并在模拟运行结束时给出模拟运行报告。

8. 结果分析与优化

最后，根据仿真报告进行结果分析与优化。在结果分析方面，要重点关注 GPSS/World 给出的报告，其中会给出顾客的平均排队时间和平均队长，以及服务员的利用率和平均服务时间等基本信息。根据这些信息，可以判断出系统能力过剩还是能力不足，从而进行相应调整。如果我们想知道更多的信息，可以定义表格、变量、保留值、矩阵等实体，用于存储需要的信息。如果顾客排队时间过长、设备负荷过大，则应该增加服务人员数量。如果服务人员空闲较多，顾客排队时间很短，则应该减少服务人员数量。对于优化后的系统要再次进行模拟，并分析运行结果。

1.5　商业优化案例设计

在本书第 2 章至第 12 章中，我们应用管理系统模拟方法分析了 11 个现实中的商业优化案例，每个案例针对商业企业面临的一类问题，收集实地数据，构建模型，设计 GPSS 程序，进行模拟分析，并给出最优方案。

第 2 章到第 5 章的案例涉及日常生活的资金管理、购物、就餐、观影，包括银行窗口服务系统配置优化、大型超市收银台配置优化、快餐店售餐窗口配置优化和电影院售票窗口配置优化。上述四个案例属于服务系统能力配置优化问题，进行服务能力的利用率与顾客的等待时间之间的平衡，给出最佳资源配置方案，以实现顾客等待时间较短且充分利用服务资源的目标，能够在减少服务人员空闲的同时提高顾客满意度。

第 6 章到第 9 章是与交通出行有关的四个案例：火车站售票窗口配置优化、高速公路收费通道配置优化、交通路口红绿灯时间设置优化、飞机票购买时机选择策略优化。火车站售票案例属于能力配置优化问题，目标是乘客买票排队时间较短，窗口利用率较高。高速公路案例同样属于能力优化配置问题，以车辆等待时间短和收费通道利用率高为目标，给出最佳的收费通道数量。交通路口红绿灯案例属于时间控制问题，以车辆等待时间短和路口通行率高为目标，给出不同方向红绿灯的最佳绿灯持续时间。飞机票购买案例属于时机选择问题，以购票成本最低为优化目标，给出最佳的机票购买提前期。

第 10 章和第 11 章是与医疗相关的两个案例：药品库存采购策略优化和医院服务系统模拟与人员配置优化。药品库存采购案例属于典型的库存采购控制问题，以总利润最大化为目标，考虑采购成本、库存成本和市场需求规律，给出最佳库存订货点和采购批量。医院服务系统模拟与人员配置案例属于服务能力配置问题，对挂号、诊断、缴费、检查、取药等整个就医过程进行模拟分析，发现当前医院人员配置中的不平衡问题，给出最优人员配置方案。

第 12 章研究了一个手机维修中心各工序人员配置优化问题，属于典型的生产系统能力资源的配置问题。相对于前面的银行、电影院、快餐店和火车站售票窗口的案例，手机维修系统要复杂得多，研究难度大。手机维修过程包括十几道工序，要维修 4 个类型的手机，维修工作由 8 种岗位的人员完成，且在维修过程中存在多个检验及返修环节。我们首先分析现有人员配置方案的维修能力和人员负荷，根据目标任务进行优化方案的设计及仿真分析，经过多次的方案改进和评价，最终找到最优方案，实现人员高效利用，保证维修任务的完成，提高维修中心的劳动生产率。

第 2 章 银行窗口服务系统配置优化

  银行一般针对不同种类的业务开设不同数量的服务窗口。目前，银行存在有些服务窗口设置不合理，导致顾客等待时间较长；有些窗口又比较空闲，造成顾客不满和资源浪费并存的问题。在银行现场，收集顾客到达时间、业务类型、服务时间、顾客中途离开等各种数据，建立银行服务系统的仿真模型，设计 GPSS 仿真程序，对银行系统进行模拟运行，分析仿真结果，发现银行窗口设置存在的问题，并给出不同类型服务窗口设置优化方案，给出相应的优化后的模拟运行效果。

2.1 问 题 描 述

  日常生活中，我们经常需要去银行办理业务。而银行办事排队时间过长已经造成广大储户对银行网点的强烈不满。顾客往往为了几分钟就可以办成的业务而排半小时甚至几小时的队。而在有些银行，办理业务的顾客很少，服务人员大部分时候都是空闲的。排队时间过长，会造成顾客的时间浪费和对银行服务的不满。随着我国银行业市场的逐步开放和竞争的逐步加剧，等待时间过长会造成顾客的大量流失。另外，如果顾客过少，服务员工作负荷过低，窗口空闲过多，也会造成银行资源的浪费和成本的增加。因此，有必要对银行的窗口服务系统进行模拟分析，掌握顾客的排队等待、中途放弃离开、服务窗口工作负荷等信息，分析现有系统存在的问题，给出改进方案，在提高顾客满意度的同时提高工作人员的利用效率。

  本章研究对象是某国有银行设在天津的一个支行。银行营业时间为上午 9 点到下午 5 点。该支行共办理 5 种业务，包括个人现金业务（A）、个人非现金业务（N）、个人 VIP 现金业务（V）、对公现金业务（D）、对公非现金业务（F）。其中个人 VIP 现金业务较个人现金业务、个人非现金业务有优先权。银行大厅共设 9 个服务窗口，包括个人现金业务窗口 4 个、个人非现金业务窗口 3 个、对公现金业务窗口 1 个、对公非现金业务窗口 1 个。在 4 个个人现金窗口中，2 个窗口优先为 VIP 用户提供服务。

顾客进入银行后，先根据业务类型在取号机取号。叫号单上印有业务类型、号码、取号时间等信息。通过这种取号的方式，实现了同一种业务的顾客排一个队列的模型，即同一类型的业务先到先服务。顾客取号后，大部分顾客会坐在等待区的座位上等待叫号。在等待的过程中，会有部分顾客由于等待时间过长而离开。少数顾客会在取号后因为前面等待人数过多而立即离开。银行服务窗口上方电子屏上会实时显示当前服务的顾客号码。完成一位顾客的服务后，银行会广播下一位顾客的号码和服务窗口。如果该号码顾客不在，则相应号码作废，并接待下一个号码的顾客。顾客听到叫号后，到相应的窗口办理相应业务。办完业务后，顾客离开银行。上述服务流程如图 2.1 所示。

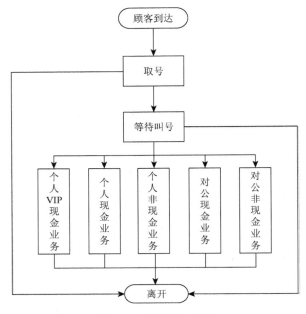

图 2.1　银行服务流程

经过实地观察，发现该银行在服务窗口安排上还存在一定的问题。有时会出现顾客排队等候时间过长的现象，这不仅会耽误顾客时间，还会造成顾客不满；而且有时又会出现部分窗口空闲的情况，这无疑造成银行人力资源的浪费，影响银行工作效率。

针对这种情况，我们进行实地考察，收集顾客到达时间和服务时间等数据，进行仿真模拟，并对仿真结果进行全方面分析，希望能够为该银行提供合理的服务窗口配置建议，减少顾客的等待时间，同时减少由于窗口空闲较多造成的资源浪费。

2.2　数据收集与处理

2.2.1　数据收集

收集地点：银行服务大厅。

收集时间：2014 年 10 月 23 日星期四。

收集数据：顾客到达时间、顾客办理业务类型、业务办理时间、作废号码。

在银行营业前 10 分钟到达，发现银行门口已经大概有 20 位顾客在排队。提前排队的顾客几乎办理的都是个人现金业务。银行的工作人员在开门之前取出大约 20 张取号凭条，开门的时候依次分发给顾客，这样在一定程度上节省了排队时间。由于这种情况只发生在每天系统运行之初，考虑到系统的稳定性，我们从系统运行 10 分钟后（9 点 10 分）开始记录顾客的到达时间。三名数据收集人员进行分工，一人负责在门口取号机处记录顾客到来时间及其办理的业务类型，一人负责记录个人现金和个人 VIP 现金业务窗口的服务时间，一人记录个人非现金和对公现金业务的服务时间，从 9 点 10 分到 11 点 10 分，连续记录两小时。

2.2.2　数据处理

分析顾客到达时间及办理业务的类型。根据到达时间，计算出顾客与上一位顾客的到达时间间隔。为了了解顾客到达间隔时间的特征，画出顾客到达间隔的直方图，如图 2.2 所示。根据直方图，得出顾客到达间隔时间及概率，如表 2.1 所示。

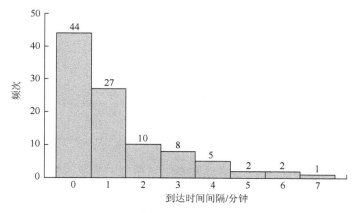

图 2.2　顾客到达时间间隔的直方图

表 2.1　顾客到达时间间隔及概率

到达时间间隔/分钟	0	1	2	3	4	5	6	7
频次	44	27	10	8	5	2	2	1
概率	0.443	0.273	0.101	0.081	0.051	0.020	0.020	0.010
累计概率	0.443	0.716	0.817	0.898	0.949	0.969	0.989	1.000

统计顾客需要的服务类型，得到不同业务类型的占比，如表 2.2 所示。A 表示个人现金业务，N 表示个人非现金业务，V 表示个人 VIP 现金业务，D 表示对公现金业务，F 表示对公非现金业务。其中，90%以上的顾客办理个人业务，个人现金业务占到个人业务的 54.5%。

表 2.2　业务类型占比统计

业务类型	个人现金	个人非现金	个人 VIP 现金	对公现金	对公非现金
服务窗口编号	1～4	5～7	3～4	8	9
顾客占比/%	54.5	20.2	17.2	5.1	3.0

按照 5 种业务类型（个人现金业务、个人非现金业务、个人 VIP 现金业务、对公现金业务、对公非现金业务），分别统计业务办理时间。其中，个人 VIP 现金业务属于个人现金业务，只是在业务办理顺序上比一般个人现金业务具有优先权。

个人现金业务办理时间的分布特征并不明显。个人现金业务办理时间、频次、累计频次、累计概率，如表 2.3 所示。

表 2.3　个人现金业务办理时间

时间/分钟	频次	累计频次	累计概率
1	3	3	0.083
2	7	10	0.278
3	7	17	0.472
4	5	22	0.611
5	1	23	0.639
6	2	25	0.694
7	3	28	0.778
8	4	32	0.889
9	1	33	0.917
10	1	34	0.944
23	1	35	0.972
45	1	36	1.000

根据表 2.3，画出相应的时间及累计概率，如图 2.3 所示。可以看出，业务办理时间为 1 分钟、4 分钟、8 分钟、10 分钟、45 分钟时是转折点，可作为时间函数定义的关键点。

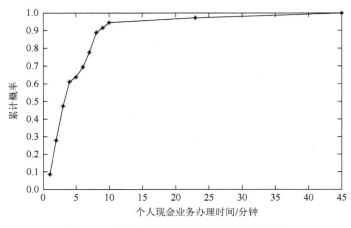

图 2.3　个人现金业务办理时间与累计概率

对个人非现金业务办理时间进行处理,计算出办理时间的发生频次、累计频次及累计概率,得到表 2.4。

表 2.4　个人非现金业务办理时间

时间/分钟	频次	累计频次	累计概率
1	1	1	0.041
2	2	3	0.125
3	1	4	0.167
4	2	6	0.250
5	2	8	0.333
6	1	9	0.375
7	2	11	0.458
8	2	13	0.542
9	3	16	0.667
10	2	18	0.750
13	1	19	0.792
14	1	20	0.833
16	2	22	0.917
27	1	23	0.958
29	1	24	1.000

根据表 2.4,画出相应的时间及累计概率,如图 2.4 所示。可以看出,业务办理时间为 1 分钟、5 分钟、10 分钟、16 分钟、29 分钟时是转折点,可作为时间函数定义的关键点。

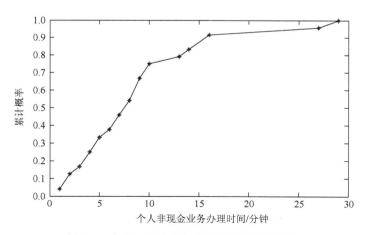

图 2.4　个人非现金业务办理时间与累计概率

同上，根据个人 VIP 现金业务数据，处理得到表 2.5。

表 2.5 个人 VIP 现金业务处理时间

时间/分钟	频次	累计频次	累计概率
4	2	2	0.133
6	2	4	0.267
10	1	5	0.333
11	1	6	0.400
12	2	8	0.533
13	1	9	0.600
14	2	11	0.733
18	1	12	0.800
19	1	13	0.867
21	1	14	0.933
28	1	15	1.000

根据表 2.5，画出相应的时间及累计概率，如图 2.5 所示。可以看出，业务办理时间为 4 分钟、10 分钟、14 分钟、21 分钟、28 分钟时是转折点，可作为时间函数定义的关键点。

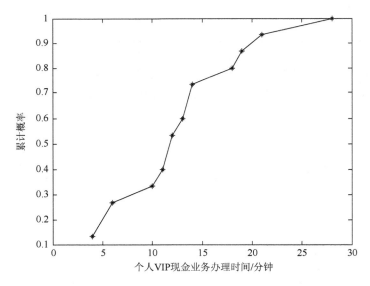

图 2.5 个人 VIP 现金业务办理时间与累计概率

对公现金业务办理人数较少，只有 5 位顾客，难以统计出时间分布规律。通过咨询银行工作人员，对公现金业务的办理时间一般为 5～30 分钟，可表示为均值为 17 分钟、半宽为 13 分钟的数据分布。

对公非现金业务有 3 位顾客，时间分别为 4 分钟、9 分钟、18 分钟。对银行人员进行咨询可知，非现金业务时间范围一般为 4～20 分钟，可表示为均值为 12 分钟、半宽为 8 分钟的数据分布。

2.3　系统假设与模型构建

2.3.1　系统假设

根据该银行的现实运作情况和模拟分析的目标，假设如下。

假设 1：银行容量不限，即工作时间不会有顾客过多而不能取号的情况。

假设 2：银行下午五点停止营业，下午四点半后不再接待新顾客，即下午四点半停止取号。

假设 3：下午五点时如果仍然有顾客，则延长营业时间，继续为现有顾客提供服务，最多延长办公时间 30 分钟。

假设 4：对于个人业务，顾客取号后，如果看到前面有 20 个以上的顾客等待，则 30% 的顾客会立即离开。

假设 5：对于个人业务，在等待过程中，如果等待时间超过半小时，则 20% 的顾客会离开。

假设 6：对公业务顾客，不会中途离开。

假设 7：顾客等待时间少于 20 分钟是可以接受的，超过 30 分钟则造成不满。

2.3.2　系统模型

根据数据分析结果与系统假设，对系统处理流程进行进一步的细化，得到系统模型图（图 2.6）。

顾客到银行办理业务的过程分为四个阶段。第一个阶段是业务时间判断。根据顾客到达时间，判断是否在下班前 30 分钟范围内。如果临近下班前 30 分钟内，则停止取号，顾客离开。否则，顾客进入银行取号。第二个阶段是取号并判断等待的队长。根据业务类型，按照表 2.3 的服务类型概率，在自动取号机取不同的号条。由于取号时间很短，所以不再仿真取号过程。取号后，如果当前服务号码与取到的号码相比，等待人数超过 20 人，则有 20% 的顾客离开，该号码作废。第三个阶段是取号后顾客坐在银行大厅的座椅上等待叫号。如果等待时间超过 30 分钟，则有 20% 的顾客离开。第四个阶段是听到叫号后，顾客到银行窗口接受服务。需要特别指出，办理相同类型业务的顾客按顺序取号，实际上实现了相同类型的业务窗口排一个等待队列。在 GPSS 模拟中用存储器代表服务窗口。

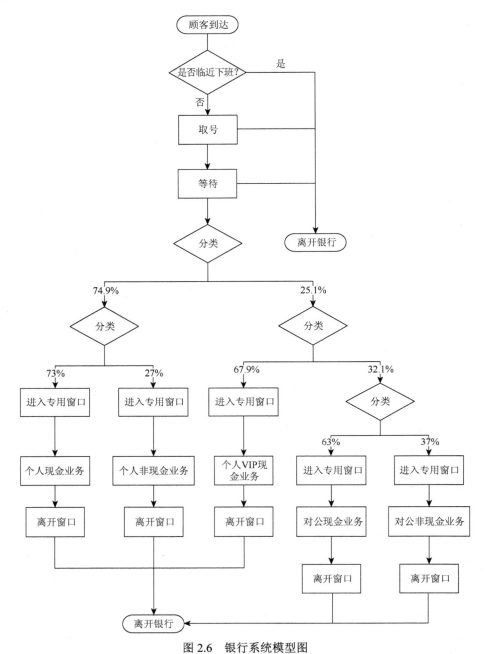

图 2.6 银行系统模型图

2.4 GPSS 程序设计

2.4.1 程序设计关键

在主体程序中，以顾客为流动实体，程序的开始以 GENERATE 语句表示顾客的到达，程序的结束以 TERMINATE 语句表示顾客的离开。中间的 GPSS 语句按照顾客在银行中接受服务过程顺序撰写。在服务过程中，用 TRANSFER 语句实现不同业务类型的分流和中间离开的顾客。

用另外一个 GENERATE 语句产生流动实体，用于仿真时间的控制。满足仿真停止条件时，用 TERMINATE 1 语句消除流动实体，与 START 语句共同作用使仿真结束。

1. 永久实体设计

系统包括流动实体和永久实体。进入银行的顾客为流动实体，不需进行定义。永久实体包括服务窗口、函数、保留值等。银行系统中，对于一个服务窗口，可用设备表示。对于多个服务窗口，可用存储器表示。顾客到达时间间隔、业务办理时间等可按照数据规律定义函数。系统中的永久实体设计见表 2.6。

表 2.6　银行系统永久实体

类型	名称	含义	是否需要定义
函数	ARR_TIME	顾客到达时间间隔	是
	A_TIME	个人现金业务时间	是
	N_TIME	个人非现金业务时间	是
	VIP_TIME	个人 VIP 现金业务时间	是
设备	D_WIN	对公现金窗口	否
	F_WIN	对公非现金窗口	否
存储器	A_WIN	个人现金窗口	是
	N_WIN	个人非现金窗口	是
	VIP_WIN	个人 VIP 现金窗口	是
保留值	NUM_L	因人多而离开的顾客数量	否
	TOTAL	服务顾客总数量	否
变量	TOTAL	服务顾客总数量	是

2. 仿真过程的控制

系统整体仿真过程的控制采用仿真时间控制方式。模拟银行服务 1 天，从上午 9 点到下午 5 点。下班前 30 分钟不再接待新顾客，但要完成银行内所有顾客的服务。

整体仿真时间的控制通过一个专门的流动实体进行控制，即在仿真开始时产生一个流动实体，到下班时间且服务完银行内的所有顾客，消除流动实体，仿真结束。

对于下班前 30 分钟不再接受新顾客的操作，通过逻辑开关实现（GATE 和 LOGIC 语句结合）。判断系统中是否有顾客存在使用检测语句（TEST 语句）。

3. 函数设计

根据数据处理结果，定义各种时间函数，如表 2.7 所示。

表 2.7　函数定义

函数名称	含义	定义语句
ARR_TIME	顾客到达时间间隔	ARR_TIME FUNCTION RN1,C9 0,0/0.443,0/0.716,1/0.817,2/0.898,3/0.949,4/0.969,5/0.989,6/1,7
A_TIME	个人现金业务时间	A_TIME FUNCTION RN1,C6 0,0/0.083,1/0.611,4/0.889,8/0.944,10/1,45
N_TIME	个人非现金业务时间	N_TIME FUNCTION RN1,C6 0,0/0.041,1/0.333,5/0.75,10/0.917,16/1,29
VIP_TIME	个人 VIP 现金业务时间	VIP_TIME FUNCTION RN1,C6 0,0/0.133,4/0.333,10/0.733,14/0.933,21/1,28

2.4.2　GPSS 程序

银行系统仿真 BANK．GPS

```
**********************************************
*定义语句，定义存储器、时间函数、变量
**********************************************
ARR_TIME FUNCTION RN1,C9
0,0/0.443,0/0.716,1/0.817,2/0.898,3/0.949,4/0.969,5/0.989,6/1,7

A_TIME FUNCTION RN1,C6
0,0/0.083,1/0.611,4/0.889,8/0.944,10/1,45

N_TIME FUNCTION RN1,C6
0,0/0.041,1/0.333,5/0.75,10/0.917,16/1,29

VIP_TIME FUNCTION RN1,C6
0,0/0.133,4/0.333,10/0.733,14/0.933,21/1,28

TOTAL VARIABLE X1+X2+X3+X4+X5
WAIT VARIABLE P4-P3;顾客排队时间

A_WIN STORAGE 4
N_WIN STORAGE 3
VIP_WIN STORAGE 2

GENERATE FN$ARR_TIME
GATE LR 1
JINRU TRANSFER 0.749,,LAN
```

18

```
TRANSFER 0.679,,LVIP
TRANSFER 0.37,LD,LF
*********************************************
*对公现金业务
*********************************************
LD QUEUE D_QUEUE
LDD SEIZE D_WIN
DEPART D_QUEUE
ADVANCE 17,13
RELEASE D_WIN
SAVEVALUE D_FUWU+,1;统计对公现金业务服务人数
TRANSFER ,LIKAI
*********************************************
*对公非现金业务
*********************************************
LF QUEUE F_QUEUE
SEIZE F_WIN
DEPART F_QUEUE
ADVANCE 12,8
RELEASE F_WIN
SAVEVALUE F_FUWU+,1;统计对公非现金业务服务人数
TRANSFER ,LIKAI
LAN TRANSFER 0.27,LA,LN
*********************************************
*个人现金业务
*********************************************
LA SAVEVALUE ANUM+,1;个人现金业务取号
ASSIGN 1,X$ANUM;将顺序号存入参数1中
ASSIGN 2,X$ACURRENT
ASSIGN 2+,20
TEST G P1,P2,LAA;判断所取号码与当前服务号码间的号码差距
TRANSFER 0.3,,TJZTLKA;号码前面人过多部分顾客离开
LAA MARK 3
QUEUE A_QUEUE
DDSJA GATE SF A_WIN,LAAB
ADVANCE 2
MARK 4
ASSIGN 5,V$WAIT
```

```
TEST G P5,30,LAAA;判断排队时间是否长于 30 分钟
TRANSFER 0.2,,ZTLKA;排队时间过长离开
LAAA GATE SNF A_WIN,DDSJA
LAAB ENTER A_WIN
DEPART A_QUEUE
SAVEVALUE ACURRENT,P1;将当前接受顾客的服务顺序号存入保留值 ACURRENT
ADVANCE FN$A_TIME
LEAVE A_WIN
SAVEVALUE A_FUWU+,1;统计个人现金业务服务人数
TRANSFER ,LIKAI

ZTLKA DEPART A_QUEUE
TJZTLKA SAVEVALUE A_ZTLK+,1;统计个人现金顾客中途离开数量
TRANSFER ,ZTLK
*************************************************
*个人非现金业务
*************************************************
LN SAVEVALUE NNUM+,1;个人现金业务取号
ASSIGN 1,X$NNUM;将顺序号存入参数 1 中
ASSIGN 2,X$NCURRENT
ASSIGN 2+,20

TEST G P1,P2,LNN;判断所取号码与当前服务号码间的号码差距
TRANSFER 0.3,,TJZTLKN
LNN MARK 3
QUEUE N_QUEUE

DDSJN GATE SF N_WIN,LNNB
ADVANCE 2
MARK 4
ASSIGN 5,V$WAIT
TEST G P5,30,LNNN;判断排队时间是否长于 30 分钟
TRANSFER 0.2,,ZTLKN;排队时间过长离开
LNNN GATE SNF A_WIN,DDSJN

LNNB ENTER N_WIN
DEPART N_QUEUE
SAVEVALUE NCURRENT,P1;将当前接受顾客的服务顺序号存入保留值 NCURRENT
```

```
ADVANCE FN$N_TIME
LEAVE N_WIN
SAVEVALUE N_FUWU+,1;统计个人非现金业务服务人数
TRANSFER  ,LIKAI
ZTLKN DEPART N_QUEUE
TJZTLKN SAVEVALUE N_ZTLK+,1
TRANSFER  ,ZTLK
********************************************
*个人 VIP 现金业务
********************************************
LVIP PRIORITY 1
SAVEVALUE VIPNUM+,1;个人 VIP 现金业务取号
ASSIGN 1,X$VIPNUM;将顺序号存入参数 1 中
ASSIGN 2,X$VIPCURRENT
ASSIGN 2+,20
TEST G P1,P2,LVIPP;判断所取号码与当前服务号码间的号码差距
TRANSFER 0.3,,TJZTLKVIP
LVIPP MARK 3
QUEUE VIP_QUEUE
DDSJV GATE SF VIP_WIN,LVIPB
ADVANCE 2
MARK 4
ASSIGN 5,V$WAIT
TEST G P5,30,LVIPPP;判断排队时间是否长于 30 分钟
TRANSFER 0.2,,ZTLKVIP;排队时间过长离开
LVIPPP GATE SNF VIP_WIN,DDSJV
LVIPB ENTER A_WIN
ENTER VIP_WIN
DEPART VIP_QUEUE
SAVEVALUE VIPCURRENT,P1;将当前接受顾客的服务顺序号存入保留值 VIPCURRENT
ADVANCE FN$VIP_TIME
LEAVE VIP_WIN
LEAVE A_WIN
SAVEVALUE VIP_FUWU+,1;统计个人 VIP 现金业务服务人数
TRANSFER  ,LIKAI
ZTLKVIP DEPART VIP_QUEUE
TJZTLKVIP SAVEVALUE VIP_ZTLK+,1
TRANSFER  ,ZTLK
```

```
ZTLK SAVEVALUE NUM_L+,1;统计中途离开的顾客总数量
LIKAI TERMINATE
GENERATE 450
LOGIC S 1
ADVANCE 60
TERMINATE 1
START 1
```

2.5　仿真结果与优化

2.5.1　仿真结果

对银行模拟运行 1 天，得到银行各种类型业务办理窗口的平均排队时间、平均队长、利用率等结果，如表 2.8 所示。

表 2.8　银行窗口仿真结果

业务类型	服务窗口	平均排队时间/分钟	平均队长/人	窗口利用率	服务人数/人	中途离开/人
个人现金	A1～A4	23.68	11.56	0.858	140	120
个人非现金	N1～N3	2.00	0.40	0.476	101	0
个人 VIP 现金	A3～A4	22.54	3.45	0.802	73	5
对公现金	D1	39.80	1.95	0.758	25	—
对公非现金	F1	3.91	0.12	0.372	16	—

由仿真结果可以看出，在银行的服务窗口中个人现金业务的平均队长最长 11.56 人，窗口利用率为 85.8%，服务 140 人，中途离开 120 人。综合上述各指标，个人现金服务窗口能力不足，造成大量用户的中途离开，应该增加服务能力。个人 VIP 现金窗口平均队长不算太长（3.45 人），但平均排队时间 22.54 分钟仍然偏长，造成一定的顾客中途离开。个人非现金窗口的顾客排队时间 2 分钟，窗口利用率低于 50%，存在一定的服务能力浪费情况。

综合个人现金、个人非现金和个人 VIP 现金业务的仿真结果，可将个人现金窗口由 4 个增加为 5 个，其中 3 个窗口可优先为个人 VIP 现金业务服务。同时，在窗口总数量不变的情况下，将个人非现金窗口减少 1 个，由原来的 3 个减少为 2 个。

对公现金和对公非现金业务分别设置 1 个服务窗口，两类顾客的排队时间和窗口利用率存在较大差异。对公现金业务平均队长 1.95 人，不算长，但平均排队时间较长（39.80 分钟）。对公非现金业务排队时间较短（3.91 分钟），且窗口利用率较低（37.2%）。针对这种两个服务窗口利用率差异较大的情况，可将两个窗口的业务合并，由两个窗口同时提供对公现金和对公非现金业务服务。

2.5.2　优化方案

基于对银行系统现状的模拟分析，现有银行服务窗口能力配置存在不合理的问题。

在不增加系统总体服务窗口的情况下，对系统服务窗口的服务业务进行调整，调整方案如表 2.9 所示。

表 2.9　服务窗口配置方案

方案	个人现金	个人非现金	个人 VIP 现金	对公现金	对公非现金
原方案	4：A1～A4	3：N1～N3	2：A3～A4	1：D1	1：F1
调整后方案	5：A1～A5	2：N1～N2	3：A3～A5	2：DF1～DF2	2：DF1～DF2

根据调整后的服务窗口配置，对 GPSS 仿真程序进行相应修改，进行 1 天时间的仿真运行，得到仿真结果如表 2.10 所示。

表 2.10　银行窗口调整后的仿真结果

业务类型	服务窗口	平均排队时间/分钟	平均队长/人	窗口利用率	服务人数/人	中途离开/人
个人现金	A1～A5	19.06	9.91	0.890	192	85
个人非现金	N1～N2	14.28	2.63	0.705	91	3
个人 VIP 现金	A3～A5	9.44	1.59	0.659	85	1
对公现金	DF1～DF2	1.15	0.05	0.476	21	—
对公非现金	DF1～DF2	4.49	0.12	0.476	14	—

从平均排队时间、窗口利用率、服务人数三个方面对比调整前后的两种方案。窗口配置方案调整后，个人现金、个人 VIP 现金和对公现金业务的顾客排队时间均显著减少，尤其是原来等待时间最长的对公现金业务。由于减少了一个服务窗口，个人非现金业务的排队时间有所增加，但平均不到 15 分钟。

从服务窗口的利用率来看，个人业务和对公业务窗口的工作负荷均比原方案更加均衡。除去个人现金业务窗口利用率偏高（89.0%）外，其他窗口的工作负荷均处在比较合理的范围（47.6%～70.5%）。再综合考虑服务顾客数量和中途离开的顾客数量，服务窗口调整后个人现金业务服务人数有显著增加，由服务 140 人增为 192 人。从中途离开顾客数量来看，尽管与原来的 120 人相比有所减少，个人现金业务顾客仍然有 85 人离开。

综合上述分析，如果条件允许，建议在调整方案的基础上再增加 1 个个人现金服务窗口，即设置 6 个个人现金服务窗口，其中 3 个优先为个人 VIP 服务。对该方案进行仿真，结果显示个人现金业务和个人 VIP 现金业务的顾客排队时间均显著下降（表 2.11）。

表 2.11　个人现金窗口增加为 6 个后的仿真结果

业务类型	服务窗口	平均排队时间/分钟	平均队长/人	窗口利用率	服务人数/人	中途离开/人
个人现金	A1～A6	9.70	5.25	0.835	251	26
个人 VIP 现金	A3～A5	4.33	0.79	0.675	93	0

2.6 结 论

通过仿真分析，银行现有服务窗口配置方案不合理，导致以下主要问题。

（1）个人现金业务等待时间长，服务窗口工作负荷高，大量顾客中途离开，造成顾客的不满意。

（2）个人 VIP 现金和对公现金业务顾客排队时间长，窗口工作负荷偏高。

（3）个人非现金和对公非现金业务利用率偏低，造成服务能力空闲。

针对上述问题，进行服务窗口配置方案优化，设置 6 个个人现金业务窗口，其中 3 个窗口优先为 VIP 顾客服务，设置 2 个个人非现金业务窗口，将原来分别服务对公现金和对公非现金业务的 2 个窗口业务合并，同时服务两类对公业务。方案调整后，窗口总数由原来的 9 个增加为 10 个，总体服务能力和资源利用率大大提高，顾客等待时间大大缩短，中途离开顾客数量显著减少，达到优化目标。

第3章 大型超市收银台配置优化

HR 超市是天津市的一家大型超市。为了考察其收银台配置是否合理，收集顾客到达和服务时间，建立顾客购物的流程图、系统模型并设计 GPSS 程序。对该大型超市仿真了 12 小时，发现该大型超市现有的收银台配置不合理，收银台利用率低，人员闲置现象严重。针对收银台配置提出不同的改进方案，并进行模拟分析，加以对比，确定优化方案，给出回民收银台和一般收银台的合理配置数量，这可以提高该超市收银台利用率，降低超市成本。

3.1 问 题 描 述

HR 超市是天津市一家大型连锁超市。HR 超市一共有 7 个收银台，其中 2 个为回民专用。该超市的营业时间为早 8：30 至晚 8：30，一天营业 12 小时。该超市的购物流程如图 3.1 所示。

顾客到达后，需要存包的顾客办理存包，完成后进入超市购物。不需要存包的顾客可直接进入超市购物。顾客中没有购物的直接离开超市，购物的顾客到收银台结账。超市设回民通道，供回民和其他未购买猪肉的顾客使用。结账完毕后，存包的顾客去取包，取完包后离开超市，没有存包的顾客则直接离开超市。

在对超市的调研中，发现该超市日常结账一共开设 7 个一般结账通道、2 个回民结账通道。调研发现收银台设置数量过多，收银台利用率低，造成资源浪费。本章通过对 HR 超市的实地调研，收集该超市顾客到达、存包、购物、结账等环节的实际数据，针对该超市建立一个 GPSS 仿真模型，对营业过程进行模拟，以优化收银台的数量，改善超市的运营情况。

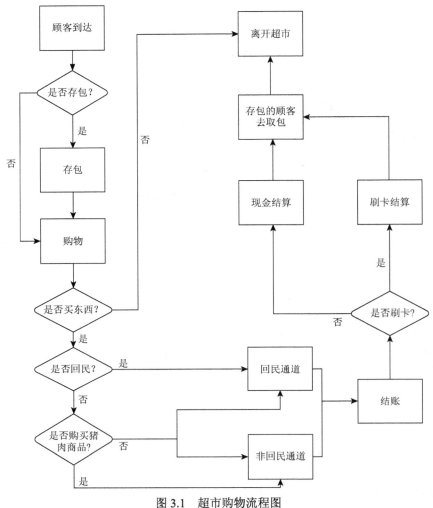

图 3.1　超市购物流程图

3.2　数据收集与处理

3.2.1　数据收集

　　收集地点：HR 超市。

　　收集时间：2014 年 10 月 17 日（周六），10：00～12：00。

　　收集数据：顾客到达时间、存包开始时间及结束时间、购物开始及结束时间、付款开始及结束时间、需要存包的顾客人数、顾客购买金额及顾客付款方式等。

3.2.2　数据处理

　　首先，统计顾客到达规律，计算得出平均每 10 分钟到达 37 位顾客，即顾客到达平均间隔为 0.27 分钟，333 位顾客中有 35 人存包，存包顾客占 10.5%。

为了统计顾客购物时间特征，首先画出顾客到达时间间隔的直方图，如图 3.2 所示。

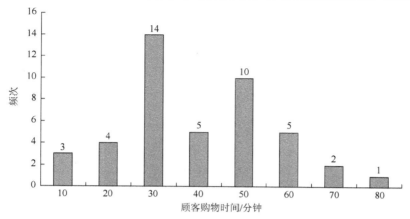

图 3.2　顾客购物时间直方图

由图 3.2 可得到顾客购物时间及概率，如表 3.1 所示。

表 3.1　顾客购物时间统计

购物时间/分钟	频次	概率	累积概率
10	3	0.07	0.07
20	4	0.09	0.16
30	14	0.32	0.48
40	5	0.11	0.59
50	10	0.23	0.82
60	5	0.11	0.93
70	2	0.05	0.98
80	1	0.02	1.00

为了了解顾客结账时间的特征，现分别画出顾客现金结账和刷卡结账的直方图，如图 3.3 和图 3.4 所示。

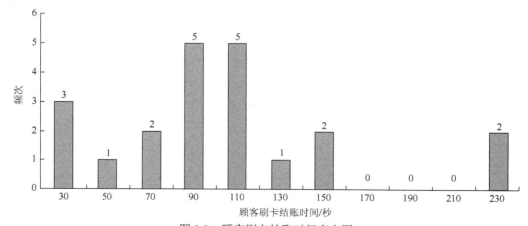

图 3.3　顾客刷卡结账时间直方图

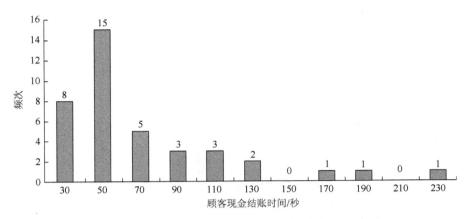

图 3.4 顾客现金结账时间直方图

由图 3.3 可得到顾客刷卡结账时间及概率，如表 3.2 所示。

表 3.2 顾客刷卡结账时间统计

顾客刷卡结账时间/秒	频次	概率	累积概率
30	3	0.14	0.14
50	1	0.05	0.19
70	2	0.10	0.29
90	5	0.23	0.52
110	5	0.23	0.75
130	1	0.05	0.80
150	2	0.10	0.90
230	2	0.10	1.00

由图 3.4 可得到顾客现金结账时间及概率，如表 3.3 所示。

表 3.3 顾客现金结账时间统计

顾客现金结账时间/秒	频次	概率	累积概率
30	8	0.21	0.21
50	15	0.38	0.59
70	5	0.13	0.72
90	3	0.07	0.79
110	3	0.07	0.86
130	2	0.05	0.91
170	1	0.03	0.94
190	1	0.03	0.97
230	1	0.03	1.00

为了了解顾客购买金额的数据特征，先画出顾客购买金额的直方图，如图 3.5 所示。

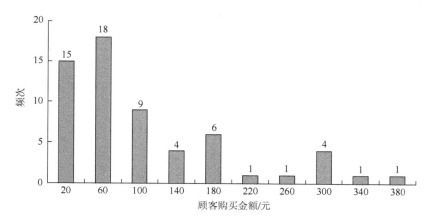

图 3.5　顾客购买金额直方图

由图 3.5 可得到顾客购买金额及概率，如表 3.4 所示。

表 3.4　顾客购买金额统计

顾客购买金额/元	频次	概率	累积概率
20	15	0.250	0.250
60	18	0.300	0.550
100	9	0.150	0.700
140	4	0.067	0.767
180	6	0.100	0.867
220	1	0.017	0.884
260	1	0.017	0.901
300	4	0.067	0.968
340	1	0.017	0.985
380	1	0.017	1.000

调研可知顾客是否购物的概率为 74% 的顾客购物，26% 的顾客没有购物。

另外，根据天津市回民的构成比例，确定 1.4% 的顾客是回民，98.6% 为非回民。

在调研过程中，还统计了顾客存包、非回民顾客购买猪肉类产品和刷卡结账的概率等数据，如表 3.5 所示。

表 3.5　其他相关概率统计

项目	概率
顾客存包	0.10
非回民顾客中购买猪肉类产品	0.85
刷卡结账	0.35

3.3　系统假设与模型构建

3.3.1　系统假设

假设 1：顾客到达收银台接受结账服务时采取先到先服务方式。

假设 2：顾客优先选择较短队排队。

假设 3：所有回民顾客结账时都去回民专用通道。

假设 4：购买猪肉类商品的顾客只能在普通通道接受收银服务。

假设 5：超市一天营业 12 小时，从早 8：30 到晚 8：30。

3.3.2　系统模型

超市购物系统模型如图 3.6 所示。

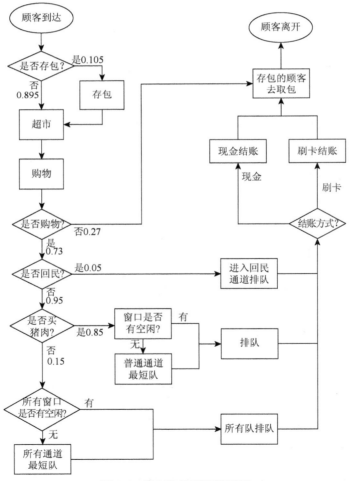

图 3.6　超市购物系统模型图

3.4　GPSS 程序设计

3.4.1　程序设计关键

在程序设计中以顾客为流动实体，顾客到达超市用 GENERATE 语句来表示，用 TERMINATE 来表示顾客离开，顾客在超市内接受的服务模块有 3 个，分别为存包、购物和结账，整个程序的设计根据顾客在超市内的行走路线来撰写。

用另外一个 GENERATE 语句产生流动实体，用于仿真时间的控制。满足仿真停止条件时，用 TERMINATE 1 语句消除流动实体，与 START 1 语句共同作用使仿真结束。

1. 永久实体设计

对 HR 超市运营情况进行仿真，顾客为系统中的流动实体，不需要定义。在系统中将顾客购物时间、结账时间和购买金额分别用函数来表示，将存包处用存储器来表示，收银台则用设备来表示，所定义的函数、存储器和设备如表 3.6 所示。

表 3.6　系统永久实体

类型	名称	含义	是否需要定义
函数	BUYTIME	顾客购物时间	是
	PAYTIME1	顾客刷卡结账时间	是
	PAYTIME2	顾客现金结账时间	是
	PAY	顾客购买金额	是
设备	1～7	收银台	否
存储器	CUNBAO	存包处	是
保留值	1	收入	否

2. 函数设计

根据数据处理部分各阶段时间及发生概率，采用函数对顾客购物时间、结账时间及购买金额进行拟合，定义相关时间函数如表 3.7 所示。

表 3.7　系统函数定义

函数名称	含义	定义语句
BUYTIME	顾客购物时间	SERVER　FUNCTION RN1,D9 0,0/0.07,10/0.16,20/0.48,30/0.59,40/0.82,50/0.93,60/0.98,70/1,90
PAYTIME1	顾客刷卡结账时间	PAYTIME1　FUNCTION RN1,D9 0,0/0.14,0.5/0.19,0.83/0.29,1.17/0.52,1.50/0.75,1.83/0.8,2.17/0.9,2.5/1,3.83

函数名称	含义	定义语句
PAYTIME2	顾客现金结账时间	PAYTIME2　FUNCTION RN1,D10 0,0/0.21,0.5/0.59,0.83/0.72,1.17/0.79,1.5/0.86,1.83/0.91,2.17/0.94,2.83/0.97,3.17/1,3.83
PAY	顾客购买金额	PAY　FUNCTION RN1,D8 0.37,25/0.64,75/0.78,125/0.88,175/0.91,225/0.94,275/0.97,325/1.00,375

3.4.2　GPSS 程序

```
*************************************************
*大型超市系统仿真 HRSUPERMARKET.GPS
*************************************************
*定义存储器和函数
CUNBAO STORAGE 200;定义存包柜
PAYTIME1  FUNCTION RN1,D9;刷卡付款时间函数
0,0/0.14,0.5/0.19,0.83/0.29,1.17/0.52,1.50/0.75,1.83/0.8,2.17/
0.9,2.5/1,3.83
PAYTIME2  FUNCTION RN1,D10;现金付款时间函数
0,0/0.21,0.5/0.59,0.83/0.72,1.17/0.79,1.5/0.86,1.83/0.91,2.17/
0.94,2.83/0.97,3.17/1,3.83
PAY FUNCTION RN1,D8;购买金额函数
0.37,25/0.64,75/0.78,125/0.88,175/0.91,225/0.94,275/0.97,325/
1.00,375
SERVER FUNCTION RN1,D9;购物时间函数
0,0/0.07,10/0.16,20/0.48,30/0.59,40/0.82,50/0.93,60/0.98,70/1,90
GENERATE 0.27;顾客到来
TRANSFER 0.895,,LA ;89.5%的顾客不存包,10.5%的顾客存包
ASSIGN 8,1;存包顾客 P8=1,用来表示存包顾客
QUEUE CUN;存包的顾客排进存包的队列
ENTER CUNBAO;试图占用存包柜
DEPART CUN;离开队列占用存包柜
ADVANCE 1,0.5;存包时间
TRANSFER  ,BK1
LA ASSIGN 8,0;不存包的 P8=0
LA ADVANCE FN$SERVER;购物时间
TRANSFER 0.26,,LD;是否购买商品,没购买商品的转到 LD 离开超市
TRANSFER 0.014,,LC;是否是回民,是回民的转到 LC
TRANSFER 0.15,,LB;是否买猪肉,不买猪肉的转到 LB
```

```
SELECT NU 1,3,7,,F;P1=空闲窗口//购买猪肉的顾客
TEST E P1,0,LH;P1=非空闲窗口
SELECT MIN 1,3,7,,Q;P1=最短的队
LH    QUEUE P1;排入队 P1
SEIZE P1;试图占用收银台 P1
DEPART P1;离开队 P1
PRIORITY 1;赋优先权 1,先处理顾客离队接受服务,再处理顾客排入队列
TRANSFER  ,LJ;无条件转移
LB SELECT NU 1,1,7,,F;P1=空闲窗口//未购买猪肉的非回民顾客
TEST E P1,0,BK;P1=非空闲窗口
SELECT MIN 1,1,7,,Q;P1=最短的队
BK    QUEUE P1;排入队 P1
SEIZE P1;试图占用收银台 P1
DEPART P1;离开队 P1
PRIORITY 1;赋优先权 1,先处理顾客离队接受服务,再处理顾客排入队列
TRANSFER  ,LJ;无条件转移到 LJ 付款
LC    SELECT NU 1,1,2,,F;P1=空闲窗口//回民顾客
TEST E P1,0,LO;P1=非空闲窗口
SELECT MIN 1,1,2,,Q;P1=最短的队
LO    QUEUE P1;排入队 P1
SEIZE P1;试图占用收银台 P1
DEPART P1;离开队 P1
PRIORITY 1;赋优先权 1,先处理顾客离队接受服务,再处理顾客排入队列
LJ    TRANSFER 0.35,,LF;35%的采用刷卡结账,剩下 65%采用现金结账
ADVANCE FN$PAYTIME2;现金结账时间
TRANSFER  ,LG
LF    ADVANCE FN$PAYTIME1;刷卡结账时间
LG    RELEASE P1;释放收银台
SAVEVALUE 1+,FN$PAY;计算收入
TEST E P1,1,LD
LEAVE CUNBAO
LD    TERMINATE
GENERATE 720;仿真 12 小时
TERMINATE 1
START 1
```

3.5 仿真结果与优化

3.5.1 仿真报告

HR 超市设置 2 个回民收银通道和 5 个普通收银通道的仿真结果如表 3.8 所示。

表 3.8 2 个回民收银通道和 5 个普通收银通道仿真结果

FACILITY	ENTRIES	UTIL.	AVE. TIME	AVAIL.	OWNER	PEND	INTER	RETRY	DELAY
1	199	0.406	1.467	1	0	0	0	0	0
2	83	0.160	1.386	1	0	0	0	0	0
3	418	0.795	1.370	1	2 445	0	0	0	0
4	363	0.718	1.424	1	2 617	0	0	0	0
5	320	0.616	1.387	1	0	0	0	0	0
6	267	0.514	1.387	1	0	0	0	0	0
7	197	0.367	1.342	1	0	0	0	0	0

QUEUE	MAX	CONT.	ENTRY	ENTRY（0）	AVE.CONT.	AVE.TIME	AVE.（−0）	RETRY
1	1	0	199	188	0.017	0.061	1.097	0
2	1	0	83	83	0.000	0.000	0.000	0
3	2	0	418	281	0.192	0.331	1.009	0
4	2	0	363	273	0.125	0.249	1.004	0
5	1	0	320	273	0.053	0.119	0.814	0
6	1	0	267	246	0.027	0.073	0.934	0
7	1	0	197	191	0.009	0.031	1.021	0
CUN	1	0	310	310	0.000	0.000	0.000	0

STORAGE	CAP.	REM.	MIN.	MAX.	ENTRIES	AVL.	AVE.C.	UTIL.	RETRY	DELAY
CUNBAO	200	97	0	105	310	1	58.336	0.292	0	0

SAVEVALUE	RETRY	VALUE
1	0	187 775.000

3.5.2 结果分析

该超市最初开设了 2 个回民收银通道和 5 个普通收银通道。仿真结果显示，开设的 2 个回民收银通道中，1 号回民收银设备的利用率为 0.406，2 号回民收银设备的利用率为 0.160。在普通通道，最大的设备利用率为 0.795，队列最长为 2 人，最长的平均等待时间为 0.192 分钟，12 小时的收入为 187 775 元。从以上数据分析可以看出，设备利用率过低，因此需要对该超市收银台的设置进行优化，适当减少收费通道数量。

3.5.3　优化方案

方案 1：设置 2 个回民收银通道和 4 个普通收银通道，仿真结果如表 3.9 所示。

表 3.9　2 个回民收银通道和 4 个普通收银通道仿真结果

FACILITY	ENTRIES	UTIL.	AVE. TIME	AVAIL.	OWNER	PEND	INTER	RETRY	DELAY
1	205	0.393	1.380	1	2 477	0	0	0	0
2	79	0.144	1.309	1	0	0	0	0	0
3	462	0.873	1.361	1	2 625	0	0	0	0
4	442	0.820	1.336	1	0	0	0	0	0
5	378	0.755	1.437	1	0	0	0	0	0
6	323	0.638	1.422	1	0	0	0	0	0

QUEUE	MAX	CONT.	ENTRY	ENTRY（0）	AVE.CONT.	AVE.TIME	AVE.（−0）	RETRY
1	1	0	205	190	0.020	0.069	0.938	0
2	1	0	79	77	0.003	0.024	0.955	0
3	3	0	462	144	0.661	1.031	1.498	0
4	3	0	442	193	0.428	0.698	1.238	0
5	2	0	378	201	0.304	0.579	1.236	0
6	2	0	323	209	0.206	0.459	1.301	0
CUN	1	0	259	259	0.000	0.000	0.000	0

STORAGE	CAP.	REM.	MIN.	MAX.	ENTRIES	AVL.	AVE.C.	UTIL.	RETRY	DELAY
CUNBAO	200	125	0	75	259	1	44.448	0.222	0	0

SAVEVALUE	RETRY	VALUE
1	0	192 175.000

方案 2：设置 1 个回民收银通道和 5 个普通收银通道，仿真结果如表 3.10 所示。

表 3.10　1 个回民收银通道和 5 个普通收银通道仿真结果

FACILITY	ENTRIES	UTIL.	AVE. TIME	AVAIL.	OWNER	PEND	INTER	RETRY	DELAY
1	205	0.389	1.366	1	0	0	0	0	0
2	404	0.825	1.470	1	2 584	0	0	0	1
3	388	0.728	1.350	1	2 506	0	0	0	1
4	335	0.653	1.403	1	2 404	0	0	0	1
5	298	0.518	1.251	1	2 479	0	0	0	0
6	207	0.391	1.359	1	0	0	0	0	0

QUEUE	MAX	CONT.	ENTRY	ENTRY（0）	AVE.CONT.	AVE.TIME	AVE.（−0）	RETRY
1	2	0	205	174	0.036	0.125	0.830	0
2	3	1	405	250	0.277	0.493	1.287	0
3	2	1	389	286	0.160	0.297	1.122	0
4	2	1	336	269	0.095	0.204	1.023	0

QUEUE	MAX	CONT.	ENTRY	ENTRY（0）	AVE.CONT.	AVE.TIME	AVE.（-0）	RETRY
5	2	0	298	263	0.049	0.119	1.014	0
6	2	0	207	185	0.035	0.122	1.150	0
CUN	1	0	319	319	0.000	0.000	0.000	0

STORAGE	CAP.	REM.	MIN.	MAX.	ENTRIES	AVL.	AVE.C.	UTIL.	RETRY	DELAY
CUNBAO	200	103	0	102	319	1	59.543	0.298	0	0

SAVEVALUE	RETRY	VALUE
1	0	186 775.000

方案 3：设置 1 个回民收银通道和 4 个普通收银通道，仿真结果如表 3.11 所示。

表 3.11　1 个回民收银通道和 4 个普通收银通道仿真结果

FACILITY	ENTRIES	UTIL.	AVE.TIME	AVAIL.	OWNER	PEND	INTER	RETRY	DELAY
1	233	0.451	1.394	1	2 443	0	0	0	0
2	479	0.883	1.327	1	0	0	0	0	0
3	446	0.841	1.358	1	0	0	0	0	0
4	392	0.755	1.387	1	0	0	0	0	0
5	340	0.673	1.426	1	0	0	0	0	0

QUEUE	MAX	CONT.	ENTRY	ENTRY（0）	AVE.CONT.	AVE.TIME	AVE.（-0）	RETRY
1	2	0	233	171	0.089	0.275	1.035	0
2	5	0	479	158	0.701	1.054	1.573	0
3	5	0	446	184	0.530	0.856	1.457	0
4	4	0	392	197	0.409	0.750	1.508	0
5	4	0	340	202	0.298	0.631	1.554	0
CUN	1	0	281	281	0.000	0.000	0.000	0

STORAGE	CAP.	REM.	MIN.	MAX.	ENTRIES	AVL.	AVE.C.	UTIL.	RETRY	DELAY
CUNBAO	200	111	0	92	281	1	49.621	0.248	0	0

SAVEVALUE	RETRY	VALUE
1	0	193 975.000

方案 4：设置 2 个回民收银通道和 3 个普通收银通道，仿真结果如表 3.12 所示。

表 3.12　2 个回民收银通道和 3 个普通收银通道仿真结果

FACILITY	ENTRIES	UTIL.	AVE.TIME	AVAIL.	OWNER	PEND	INTER	RETRY	DELAY
1	195	0.387	1.429	1	0	0	0	0	0
2	86	0.161	1.351	1	0	0	0	0	0
3	498	0.952	1.377	1	2 367	0	0	0	32

续表

FACILITY	ENTRIES	UTIL.	AVE.TIME	AVAIL.	OWNER	PEND	INTER	RETRY	DELAY
4	500	0.937	1.349	1	2 414	0	0	0	31
5	489	0.928	1.367	1	2 479	0	0	0	31
QUEUE	MAX	CONT.	ENTRY	ENTRY（0）	AVE.CONT.	AVE.TIME	AVE.（−0）		RETRY
1	1	0	195	175	0.029	0.106	1.030		0
2	1	0	86	80	0.007	0.059	0.850		0
3	34	32	530	17	19.874	26.998	27.893		0
4	33	31	531	14	19.554	26.513	27.231		0
5	33	31	520	8	19.233	26.630	27.046		0
CUN	1	0	274	274	0.000	0.000	0.000		0
STORAGE	CAP.	REM.	MIN.	MAX.	ENTRIES	AVL.	AVE.C.	UTIL.	RETRY	DELAY
CUNBAO	200	113	0	94	274	1	54.482	0.272	0	0
SAVEVALUE	RETRY	VALUE							
1	0	181 225.000							

方案 5：设置 1 个回民收银通道和 3 个普通收银通道，仿真结果如表 3.13 所示。

表 3.13　1 个回民收银通道和 3 个普通收银通道仿真结果

FACILITY	ENTRIES	UTIL.	AVE.TIME	AVAIL.	OWNER	PEND	INTER	RETRY	DELAY
1	304	0.610	1.445	1	2 592	0	0	0	0
2	506	0.952	1.355	1	2 366	0	0	0	15
3	480	0.941	1.412	1	2 428	0	0	0	15
4	498	0.928	1.342	1	2 414	0	0	0	14
QUEUE	MAX	CONT.	ENTRY	ENTRY（0）	AVE.CONT.	AVE.TIME	AVE.（−0）		RETRY
1	5	0	304	109	0.746	1.766	2.753		0
2	21	15	521	17	10.412	14.388	14.874		0
3	20	15	495	17	10.129	14.732	15.256		0
4	20	14	512	8	9.818	13.807	14.026		0
CUN	1	0	300	300	0.000	0.000	0.000		0
STORAGE	CAP.	REM.	MIN.	MAX.	ENTRIES	AVL.	AVE.C.	UTIL.	RETRY	DELAY
CUNBAO	200	100	0	101	300	1	59.101	0.296	0	0
SAVEVALUE	RETRY	VALUE							
1	0	180 400.000							

3.5.4　优化方案对比

5 种优化方案对比结果如表 3.14 所示。

表 3.14   5 种优化方案对比结果

方案	具体方案	回民收银通道最大队长/人	普通收银通道最大队长/人	回民收银通道最低设备利用率	普通收银通道最低设备利用率	收入/元
方案 1	2 个回民收银通道 4 个普通收银通道	1	3	0.144	0.638	192 175
方案 2	1 个回民收银通道 5 个普通收银通道	3	3	0.489	0.391	186 775
方案 3	1 个回民收银通道 4 个普通收银通道	2	5	0.451	0.673	193 975
方案 4	2 个回民收银通道 3 个普通收银通道	1	34	0.161	0.928	181 225
方案 5	1 个回民收银通道 3 个普通收银通道	5	21	0.610	0.952	180 400

从上述 5 种优化方案仿真结果可以看出,对于方案 4 来说设置 2 个回民收银通道则回民收银通道的利用率较低,而同时设置 3 个普通收银通道队长又比较长。同理,针对方案 5,设置 1 个回民收银通道可以有效提高回民收银通道的利用率,而同时设置 3 个普通收银通道则普通收银通道的最大队长达到了 21 人,这样会造成顾客的流失。对于方案 1,从仿真结果则可以看出同样设置 2 个回民收银通道则回民收银通道的利用率过低。对于方案 2,设置 5 个普通收银通道则普通收银通道的利用率也仅有 0.391,利用率过低会造成超市资源的浪费。对于方案 3,设置 1 个回民收银通道和 4 个普通收银通道,虽然收银通道利用率不是很高,但是最大队长很短,顾客等待时间很短,因此方案 3 是该超市最优的收银通道配置方案。

3.6   结   论

针对 HR 超市收银台数量设置不合理的问题,收集超市顾客到达、选购、付款等全过程数据,建立模型,编写 GPSS 程序,进行模拟分析。研究发现,超市原有设置方案存在收银台利用率低、资源闲置的浪费问题。提出 5 种改进方案,进行模拟分析,最后给出最优收银台配置数量,将原来的 2 个回民收银台减少为 1 个,将原来的 5 个一般收银台减少为 4 个,提高了收银台的利用率,同时实现顾客等待时间较短,顾客流失减少,实现收入最大。

第4章　快餐店售餐窗口配置优化

KC 是一家大型快餐店，为了考察其售餐窗口配置是否合理，收集顾客到达和服务时间，建立顾客购餐的流程图、系统模型并设计 GPSS 程序。对该大型快餐店仿真 10 小时，发现该快餐店现有的售餐窗口配置不合理，顾客排队时间等待时间较长，顾客流失严重。对售餐窗口配置方案进行优化，并进行优化后的模拟分析，给出比较合理的售餐窗口配置方案，这可以在很大程度上减少顾客等待时间，降低顾客流失率，并提升顾客满意度。

4.1　问 题 描 述

随着经济水平的提高，外出用餐人群数量越来越多。许多大型快餐店就成为人们用餐的首选。人们在购餐的过程中不可避免地要面临排队等待的问题。如何合理配置大型快餐店的售餐窗口以提高顾客满意度是值得深入研究的问题。本章以 KC 大型快餐店为研究对象，通过对 KC 大型快餐店的实地调研来合理配置其售餐窗口。

顾客进入餐厅后，排队点餐，然后进行结算，并进入等餐队列。顾客取到餐后，自己找座位坐下享用或者带走。在对 KC 大型快餐店的调研中，我们发现该大型快餐店存在顾客购餐排队等待时间长的问题，而且顾客流失现象严重。因此，本章通过对该大型快餐店的实地调研，收集顾客到达、购餐等环节的实际数据，针对该大型快餐店建立一个 GPSS 仿真模型，并进行模拟来优化购餐窗口配置的数量，为解决该大型快餐店顾客购票排队时间过长提供合理的解决方案，从而实现购餐窗口的合理配置。

4.2　数据收集与处理

4.2.1　数据收集

收集地点：KC 大型快餐店。

收集时间：2014 年 10 月 18 日（周六），10：30～12：00。

收集数据：顾客到达餐厅时间、顾客开始购餐时间及结束时间、顾客购餐金额。

4.2.2 数据处理

根据顾客到达时间，计算出相邻两位顾客的到达时间间隔数据。根据购餐开始及结束时间，计算出每位顾客的购餐所用时间。

为了了解顾客到达时间间隔的特征，首先画出顾客到达时间间隔的直方图，如图 4.1 所示。

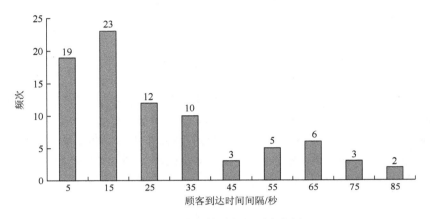

图 4.1　顾客到达时间间隔直方图

由顾客到达时间间隔直方图得到顾客到达时间间隔及概率，如表 4.1 所示。

表 4.1　顾客到达时间统计

时间间隔/秒	频次	概率	累积概率
5	19	0.23	0.23
15	23	0.28	0.51
25	12	0.14	0.65
35	10	0.12	0.77
45	3	0.04	0.81
55	5	0.06	0.87
65	6	0.07	0.94
75	3	0.04	0.98
85	2	0.02	1.00

为了了解顾客购餐服务时间的特征，首先画出顾客购餐服务时间的直方图，如图 4.2 所示。

通过上述顾客购餐服务时间直方图，得到顾客购餐服务时间统计规律，如表 4.2 所示。

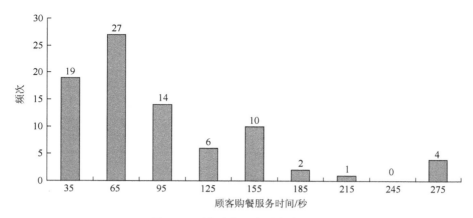

图 4.2　顾客购餐服务时间直方图

表 4.2　顾客购餐服务时间统计

购餐服务时间/秒	频次	概率	累积概率
35	19	0.23	0.23
65	27	0.33	0.56
95	14	0.17	0.73
125	6	0.07	0.80
155	10	0.12	0.92
185	2	0.02	0.94
215	1	0.01	0.95
275	4	0.05	1.00

为了了解顾客消费金额的特征，首先画出顾客消费金额的直方图，如图 4.3 所示。

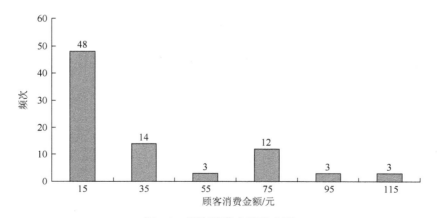

图 4.3　顾客消费金额直方图

通过上述顾客消费金额直方图，得到顾客消费金额统计规律，如表 4.3 所示。

表 4.3 顾客消费金额统计

购餐消费金额/元	频数	概率	累积概率
15	48	0.58	0.58
35	14	0.17	0.75
55	3	0.04	0.79
75	12	0.13	0.92
95	3	0.04	0.96
115	3	0.04	1.00

4.3 系统假设与模型构建

4.3.1 系统假设

假设 1：所有顾客具有相同的优先权，采用先到先服务的服务策略。

假设 2：排队购餐时如果有空闲窗口，顾客先选择空闲窗口，如果没有空闲窗口，则顾客选择最短的队列。

假设 3：如果队长大于 15 人，则顾客自动离开。

假设 4：所有顾客均自觉排队。

4.3.2 系统模型

按照顾客的购餐流程绘制系统模型，如图 4.4 所示。

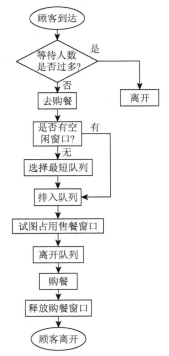

图 4.4 大型快餐店购餐系统模型

4.4 GPSS 程序设计

4.4.1 程序设计关键

在程序设计中以顾客为流动实体，顾客到达餐厅用 GENERATE 语句来表示，用 TERMINATE 来表示顾客离开餐厅，整个程序的设计根据顾客在餐厅内的行走路线来撰写。

用另外一个 GENERATE 语句产生流动实体，用于仿真时间的控制。满足仿真停止条件时，用 TERMINATE 1 语句消除流动实体，与 START 1 语句共同作用使仿真结束。

1. 永久实体设计

对该大型快餐购餐服务情况进行仿真，顾客为系统中的流动实体，不需要定义。在系统中将顾客到达时间间隔、顾客购餐服务时间、顾客购餐消费金额分别用函数来表示，售餐窗口则用设备来表示，所定义的函数、设备和表，如表 4.4 所示。

表 4.4 系统永久实体

类型	名称	含义	是否需要定义
函数	ARRTIME	顾客到达时间间隔	是
	BUYTIME	顾客购餐服务时间	是
	EXPENSE	顾客购餐消费金额	是
设备	1~2	售餐窗口	否
表	QB1	顾客在队 1 中的停留时间表	是
	QB2	顾客在队 2 中的停留时间表	是
保留值	1	顾客流失人数	否
	2	收入	否

2. 函数设计

根据数据处理部分各阶段时间及发生概率，采用函数对顾客到达时间间隔、顾客购餐服务时间、顾客购餐消费金额进行拟合，定义相关函数如表 4.5 所示。

表 4.5 系统函数定义

函数名称	含义	定义语句
ARRTIME	顾客到达时间间隔	ARRTIME FUNCTION RN1，C10 0,0/0.23,0.08/0.51,0.25/0.65,0.42/0.77,0.58/0.81,0.75/0.87,0.92/0.94,1.08/0.98,1.25/1,1.42
BUYTIME	顾客购餐服务时间	BUYTIME FUNCTION RN1,C9 0,0/0.23,0.58/0.56,1.08/0.73,1.58/0.8,2.08/0.92,2.58/0.94,3.08/0.95,3.58/1,4.58
EXPENSE	顾客购餐消费金额	EXPENSE FUNCTION RN1,C7 0,0/0.58,15/0.75,35/0.79,55/0.92,75/0.96,95/1,115

4.4.2 GPSS 程序

```
*********************************************
*大型快餐店系统仿真KC.GPS
*********************************************
*定义函数和表
ARRTIME   FUNCTION RN1,C10;顾客到达时间间隔函数
0,0/0.23,0.08/0.51,0.25/.65,0.42/.77,0.58/0.81,0.75/0.87,0.92/
0.94,1.08/0.98,1.25/1,1.42
BUYTIME   FUNCTION RN1,C9;顾客购餐服务时间函数
0,0/0.23,0.58/0.56,1.08/0.73,1.58/0.8,2.08/0.92,2.58/0.94,3.08/
0.95,3.58/1,4.58
EXPENSE   FUNCTION RN1,C7;顾客购餐消费金额函数
0,0/0.58,15/0.75,35/0.79,55/0.92,75/0.96,95/1,115
QB1 QTABLE 1,4,4,10;顾客在队1中的停留时间表
QB2 QTABLE 2,4,4,10;顾客在队2中的停留时间表
GENERATE FN$ARRTIME
SELECT NU 1,1,2,,F;顾客选择空闲窗口,P1=空闲窗口
TEST E P1,0,MA;P1=0,无空闲窗口
SELECT MIN 1,1,2,,Q;顾客选择最短的队
TEST E P1,1,LC;如果P1=1,顾客进入下一个模块,否则顾客到LC
TEST LE Q1,15,LB;如果Q1≤15,顾客进入下一模块,否则顾客到LB
TRANSFER  ,MA;顾客无条件到MA
LC TEST LE Q2,15,LB;如果Q2≤15,顾客进入下一个模块,否则顾客到LB
MA QUEUE P1;排入队P1
SEIZE P1;试图占用设备P1
DEPART P1;离开队P1
PRIORITY 1;先处理顾客离队接受服务,再处理排入队列
ADVANCE FN$BUYTIME;顾客购餐
RELEASE P1;释放设备P1
SAVEVALUE 2+,FN$EXPENSE;统计总收入
TRANSFER  ,LA;顾客无条件到LA
LB SAVEVALUE 1+,1;统计流失顾客人数
LA TERMINATE;顾客离开
GENERATE 600;仿真10小时
TERMINATE 1
START 1
```

4.5　仿真结果与优化

4.5.1　仿真报告

对 KC 大型快餐店仿真 10 小时，得到仿真结果如表 4.6 所示。

表 4.6　两个售餐窗口系统仿真结果

FACILITY	ENTRIES	UTIL.	AVE. TIME	AVAIL.	OWNER	PEND	INTER	RETRY	DELAY
1	132	1.000	1.363	1	399	0	0	0	16
2	150	0.998	1.197	1	407	0	0	0	16
QUEUE	MAX	CONT.	ENTRY	ENTRY (0)	AVE.CONT.	AVE.TIME	AVE. (−0)	RETRY	
1	16	16	148		13.091	15.922	16.030	0	
2	16	16	166	2	12.762	13.839	14.007	0	
SAVEVALUE	RETRY	VALUE							
1	0	139.000							
EXPENSE	0	7 352.321							

4.5.2　结果分析

当售餐窗口为 2 小时，从仿真结果看出每个售餐窗口的使用率均接近为 100%，平均的等待时间大于 13 分钟，表明顾客的等待时间比较长，10 小时中有 139 人因为队列长而离开餐厅，说明该大型快餐的 2 个售餐窗口不能满足购餐需求，需要增加购餐窗口。

4.5.3　优化方案

方案 1：设置 3 个售餐窗口。针对上述分析发现的问题，如果在此时段将工作的售餐窗口改为 3 个，系统仿真结果如表 4.7 所示。

表 4.7　3 个售餐窗口系统仿真结果

FACILITY	ENTRIES	UTIL.	AVE. TIME	AVAIL.	OWNER	PEND	INTER	RETRY	DELAY
1	483	0.995	1.236	1	1 493	0	0	0	16
2	491	0.992	1.213	1	1 518	0	0	0	15
3	475	0.985	1.244	1	1 511	0	0	0	15
QUEUE	MAX	CONT.	ENTRY	ENTRY (0)	AVE.CONT.	AVE.TIME	AVE. (−0)	RETRY	
1	16	16	499	7	12.635	15.192	15.409	0	
2	16	15	506	20	12.322	14.611	15.212	0	
3	16	15	490	20	12.073	14.784	15.413	0	
SAVEVALUE	RETRY	VALUE							
1	0	68.000							
EXPENSE	0	38 619.833							

当售餐窗口为 3 个时，从仿真结果看出 3 个售餐窗口使用率均很高，平均等待时间为 14 分钟左右，等待时间也略长，当设置 3 个售餐窗口后顾客流失人数为 68 人。

方案 2：设置 4 个售餐窗口。将工作的售餐窗口改为 4 个，系统仿真结果如表 4.8 所示。

表 4.8　4 个售餐窗口系统仿真结果

FACILITY	ENTRIES	UTIL.	AVE. TIME	AVAIL.	OWNER	PEND	INTER	RETRY	DELAY
1	453	0.897	1.188	1	1 522	0	0	0	3
2	409	0.832	1.221	1	1 523	0	0	0	3
3	362	0.739	1.225	1	1 524	0	0	0	3
4	299	0.639	1.283	1	1 521	0	0	0	2
QUEUE	MAX	CONT.	ENTRY	ENTRY（0）	AVE.CONT.	AVE.TIME	AVE. (−0)	RETRY	
1	7	3	456	184	0.805	1.060	1.776	0	
2	6	3	412	206	0.668	0.973	1.947	0	
3	6	3	365	211	0.496	0.815	1.933	0	
4	6	2	301	173	0.412	0.822	1.933	0	
SAVEVALUE	RETRY	VALUE							
EXPENSE	0	39 493.457							

当售餐窗口为 4 个时，从仿真结果看出 4 个售餐窗口使用率相对较高，平均的等待时间为 1 分钟左右，大大缩短了顾客的等待时间，当设置 4 个售餐窗口后顾客流失人数为 0 人，整个餐厅的销售收入也有所增加。

4.5.4　优化方案对比

将上述优化方案进行对比，结果如表 4.9 所示。

表 4.9　优化方案对比

方案	售餐窗口数量/个	最大队长/人	最大等待时间/分钟	流失人数/人	收入/元
实际方案	2	16	15.922	139	7 352
优化方案 1	3	16	15.192	68	38 619
优化方案 2	4	7	1.060	0	39 493

结果显示当售餐窗口增加到 4 个时，售餐系统的运作情况得到明显改善。窗口的最大队长从 16 人下降到 7 人，最大等待时间从 15.922 分钟下降到 1.060 分钟，顾客排队等待情况得到了明显改善，顾客流失人数从 139 人下降为 0 人，餐厅的收入明显增加，因此配置 4 个售餐窗口能够为广大顾客购餐提供更好的服务，建议选择优化方案 2。

4.6　结　　论

　　针对 KC 快餐店售餐窗口数量太少、顾客流失严重的问题，收集顾客到达时间、购餐时间及购餐金额、顾客流失数据，建立模型，编写 GPSS 程序，进行模拟分析。研究发现，快餐店原有设置方案顾客排队时间过长，造成大量顾客流失，影响销售收入。针对问题，提出改进方案，将售餐窗口由原来的 2 个增加为 4 个，这可以减少顾客排队时间，解决顾客流失问题，快餐店收入也由原来的 7352 元增加为 39 493 元。

第5章 电影院售票窗口配置优化

HD 影城为天津市的大型影城，为了考察其售票窗口配置是否合理，收集顾客到达和购票时间，建立顾客观影的流程图、系统模型并设计 GPSS 程序。对该影城仿真 12 小时后发现，该影城现有的售票窗口配置不合理，顾客排队等待时间较长，顾客流失严重。对售票窗口配置方案进行优化，并进行优化后的模拟分析，给出比较合理的售票窗口配置方案，这可以在很大程度上减少顾客等待时间，降低顾客流失率，提升顾客满意度。

5.1 问题描述

随着市场经济的发展，我国电影文化产业发展迅速，各大电影院线也飞快成长，并取得良好的业绩。但是随着各大电影院线的发展，竞争也越来越激烈，作为影院的决策人，需要考虑顾客高峰与低谷的问题，需要考虑售票与排队的问题。售票窗口太多，工作人员闲置，则会造成不必要的浪费；售票窗口太少，顾客排队时间过长，顾客流失，则会降低影院的收益。

HD 影城是一座多功能电影城，影城营业面积 4700 平方米，拥有 8 个标准厅，包括 1 个豪华 VIP 厅和 7 个全数字厅，均可放映 3D 电影。

在调研中发现，周末观影人多，大厅内有时会排起长队。另外厅内温度较高，会使部分客户流失。因此，本章通过对 HD 影城的实地调研，收集该影城观众到达、购票等环节的实际数据，为其建立一个 GPSS 仿真模型，对该影城营业过程进行模拟来优化售票窗口的数量，基于顾客的排队时间、最大的排队人数和影城一天的营业收入对比，提供较优方案，实现影城运营的优化。

5.2 数据收集与处理

5.2.1 数据收集

收集地点：HD 电影城售票厅。

收集时间：2014 年 10 月 19 日（周日），15：00～17：00。

　　收集数据：顾客到达时间及顾客开始购票和购票结束时间。

5.2.2　数据处理

　　HD 影城顾客的到来分为两种情况：一种是乘坐电梯；另一种是走步行梯。分别收集两种顾客到达时间间隔数据，计算得出顾客乘坐电梯到达平均时间间隔为 0.40 分钟，顾客乘坐扶梯到达平均时间间隔为 5.53 分钟。

　　为了解顾客购票服务时间的特征，首先画出顾客购票服务的直方图，如图 5.1 所示。

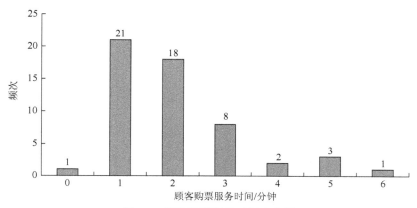

图 5.1　顾客购票服务时间直方图

　　通过上述顾客购票服务时间直方图，得到顾客购票服务时间统计规律，如表 5.1 所示。

表 5.1　顾客购票服务时间统计

购票服务时间/分钟	频次	概率	累积概率
0	1	0.02	0.02
1	21	0.39	0.41
2	18	0.32	0.73
3	8	0.15	0.88
4	2	0.04	0.92
5	3	0.06	0.98
6	1	0.02	1.00

　　在调研过程中，发现看电影的顾客一般是结伴而来，因此调研了 2 人同来、3 人同来、4 人同来的概率，如表 5.2 所示。

表 5.2　多人同来的概率

项目	概率
2 人同来	0.60
3 人同来	0.30
4 人同来	0.10

5.3 系统假设与模型构建

5.3.1 系统假设

假设 1：所有顾客具有相同的优先权，采用先到先服务的服务策略。

假设 2：一同来的顾客只有 1 个人去排队购票。

假设 3：当队长超过 10 人时，有 10%的顾客离开。

假设 4：售票员工资为 15 元/小时。

假设 5：每位顾客的平均消费水平为 25 元。

假设 6：排队时，顾客首先选择空闲窗口，如果没有空闲窗口则选择最短队列。

5.3.2 系统模型

按照顾客在影城中的流程，绘制系统模型，如图 5.2 所示。

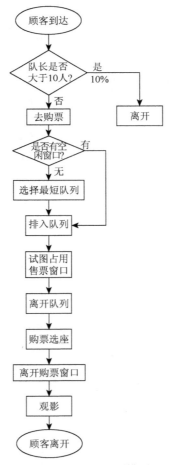

图 5.2　电影院售票模型

5.4 GPSS 程序设计

5.4.1 程序设计关键

在程序设计中以顾客为流动实体，顾客到达电影院用 GENERATE 语句来表示，用 TERMINATE 来表示顾客离开售票厅，整个程序的设计根据顾客在售票厅内的行走路线来撰写。

由于顾客到来存在一同到来 2 个、3 个或 4 个顾客的情况，而同时到来的顾客只有 1 人排队购票，所以在程序中用装配语句 ASSEMBLE 将一同到来的顾客进行装配。

用另外一个 GENERATE 语句产生流动实体，用于仿真时间的控制。满足仿真停止条件时，用 TERMINATE 1 语句消除流动实体，与 START 1 语句共同作用使仿真结束。

1. 永久实体设计

对 HD 影城售票情况进行仿真，顾客为系统中的流动实体，不需要定义。在系统中将顾客购票时间用函数来表示，售票窗口则用设备来表示，所定义的函数、变量、设备和保留值如表 5.3 所示。

表 5.3 系统永久实体

类型	名称	含义	是否需要定义
函数	BUYTIME	顾客购票时间	是
变量	PROFIT	影城利润	是
设备	1~2	售票窗口	否
保留值	1	销售收入	否
	2	利润	否
	3	流失顾客数	否

2. 函数设计

根据数据处理部分各阶段时间及发生概率，采用函数对顾客购票时间进行拟合，定义顾客购票时间函数，如表 5.4 所示。

表 5.4 系统函数定义

函数名称	含义	定义语句
BUYTIME	顾客购票时间	BUYTIME FUNCTION RN1,D7 0.02,0/0.41,1/0.73,2/0.88,3/0.92,4/0.98,5/1,6

5.4.2 GPSS 程序

```
*****************************************
*电影院售票系统仿真 HDCINEMA.GPS
*****************************************
*定义函数和变量
BUYTIME FUNCTION RN1,D7;顾客购票时间函数
0.02,0/0.41,1/0.73,2/0.88,3/0.92,4/0.98,5/1,6
PROFIT VARIABLE X1-2#30;影城利润
*****************************************
*乘坐电梯顾客到达
GENERATE ,,,1;仿真开始时产生一个流动实体
BK2 ADVANCE 0.4;乘坐电梯的顾客每间隔 0.4 分钟到来 1 人
SPLIT 1,LA;母体分裂出一个子体,子体到 LA,母体到下一个模块去
TRANSFER ,BK2
*****************************************
*乘坐扶梯顾客到达
GENERATE ,,,1;仿真开始时产生一个流动实体
DD ADVANCE 5.53;乘坐扶梯的顾客每间隔 5.53 分钟到来 1 人
SPLIT 1,LA;母体分裂出一个子体,子体到 LA,母体到下一个模块去
TRANSFER ,DD
*****************************************
*顾客排队购票
LA TRANSFER 0.4,,BK1;60%顾客是 2 人一起来的
ASSEMBLE 2;将 2 个人一起到来的顾客装配成 1 个,代表只有 1 人去排队
ASSIGN 2,1
TRANSFER ,LD
BK1 TRANSFER 0.75,,LB;10%顾客的是 4 个人一起来的
ASSEMBLE 4;将 4 个人一起到来的顾客装配成 1 个,代表只有 1 人去排队
ASSIGN 2,2
TRANSFER ,LD
LB ASSEMBLE 3;30%的顾客是 3 个人一起来的,将 3 个人一起到来的顾客装配成 1 个,
代表只有 1 人去排队
ASSIGN 2,3
LD SELECT NU 1,1,2,,F;选择空闲的窗口
TEST E P1,0,QMP
SELECT MIN 1,1,2,,Q;选择最短的队
```

```
TEST GE Q1,10,QMP;如果队 1 队长大于 10 人,转向下一个模块,否则去排队
TEST GE Q2,10,QMP;如果队 2 队长大于 10 人,转向下一个模块,否则去排队
TRANSFER 0.9,,QMP;队长均大于 10 人,则有 10%的顾客离开
TRANSFER ,BK
QMP QUEUE P1;排入队列
SEIZE P1;试图占用售票窗口
DEPART P1;离开队列
ADVANCE FN$BUYTIME;购票
RELEASE P1;释放售票窗口
TEST E P2,1,AA;如果 P2=1,则代表是 2 个顾客一起来的
SAVEVALUE 1+,50;影城收入为收入原值加上 2 个顾客的购票款
TRANSFER ,BK
AA TEST E P2,2,BB;如果 P2=2,则代表是 4 个顾客一起来的
SAVEVALUE 1+,100;影城收入为收入原值加上 4 个顾客的购票款
TRANSFER ,BK
BB SAVEVALUE 1+,75;3 个顾客一起来的,加上 3 个顾客的购票款
BK TERMINATE
GENERATE 720;仿真 12 小时
SAVEVALUE 2,V$PROFIT;计算影城利润
TERMINATE 1
START 1
```

5.5　仿真结果与优化

5.5.1　仿真报告

对 HD 影城仿真 12 小时,得到顾客排队和售票窗口利用情况,如表 5.5 所示。

表 5.5　两个售票窗口系统仿真结果

FACILITY	ENTRIES	UTIL.	AVE. TIME	AVAIL.	OWNER	PEND	INTER	RETRY	DELAY
1	327	0.998	2.198	1	1 780	0	0	0	22
2	368	0.994	1.944	1	1 829	0	0	0	21

QUEUE	MAX	CONT.	ENTRY	ENTRY (0)	AVE.CONT.	AVE.TIME	AVE. (−0)	RETRY
1	25	22	349	4	15.878	32.757	33.137	0

续表

QUEUE	MAX	CONT.	ENTRY	ENTRY（0）	AVE.CONT.	AVE.TIME	AVE.（−0）	RETRY
2	25	21	389	2	15.240	28.207	28.353	0

SAVEVALUE	RETRY	VALUE						
1	0	40 800.000						
2	0	40 440.000						
3	0	77.000						

5.5.2　结果分析

从仿真报告中可以看出 2 个售票窗口的最大队长均为 25 人，顾客的平均等待时间均大于 28 分钟，顾客等待时间较长，而且顾客流失比较严重，在 12 小时里有 77 个顾客流失，2 个售票窗口的利用率均大于 0.99，接近满负荷工作，因此需要增加售票窗口。

5.5.3　优化方案

针对上述分析发现的问题，如果将工作的售票窗口分别改为 3 个，系统仿真结果如表 5.6 所示。

表 5.6　3 个售票窗口系统仿真结果

FACILITY	ENTRIES	UTIL.	AVE.TIME	AVAIL.	OWNER	PEND	INTER	RETRY	DELAY
1	308	0.913	2.134	1	1 918	0	0	0	1
2	278	0.824	2.134	1	1 925	0	0	0	1
3	232	0.688	2.135	1	1 928	0	0	0	0

QUEUE	MAX	CONT.	ENTRY	ENTRY（0）	AVE.CONT.	AVE.TIME	AVE.（−0）	RETRY	
1	2	1	309	127	0.427	0.996	1.690	0	
2	2	1	279	173	0.209	0.540	1.422	0	
3	1	0	232	193	0.077	0.239	1.425	0	

SAVEVALUE	RETRY	VALUE							
1	0	47 850							
2	0	47 310							

将工作的售票窗口增加为 3 个后，顾客排队等待时间不超过 1 分钟，队列的最大队长为 2 人，售票厅顾客购票等待时间过长的现象得到了有效改善。在 3 个售票窗口的情况下没有顾客流失，顾客流失现象也从根本上得到了解决，影城的收入也从 2 个售票窗口的 40 440 元增加到 47 310 元，整个影城的收入也得到了大幅度提升。

5.6　结　论

　　针对影城售票处观众购票排队时间过长造成客户流失问题，收集顾客到达时间、购票时间及购票金额、顾客流失数据，建立模型，编写 GPSS 程序，进行模拟分析。研究发现，影城原有设置方案顾客排队时间过长，造成大量顾客流失，影响销售收入。针对问题，提出改进方案，将售票窗口由原来的 2 个增加为 3 个，这可以减少顾客排队时间，解决顾客流失问题，影城收入也由原来的 40 440 元增加到 47 310 元。

第6章 火车站售票窗口配置优化

为了分析 TJX 火车站售票窗口配置是否合理，收集旅客到达和服务时间，建立旅客购票的流程图、系统模型并设计 GPSS 程序。对该火车站仿真 10 小时，发现该火车站现有的售票窗口配置不合理，旅客排队时间等待时间较长。对售票窗口配置方案进行优化，并进行优化后的模拟分析，给出比较合理的售票窗口配置方案，这可以提高该火车站售票窗口的利用率，提升旅客满意度。

6.1 问 题 描 述

铁路运输是中国主要的交通运输方式，在国民经济中起着非常重要的作用，与人们日常生活更是息息相关。排队购买火车票一直是其中的一个突出问题。适当的售票窗口数目能够大大减少旅客排队等待购票的时间，给旅客营造出一个良好的购票环境。

TJX 火车站售票厅一共有 10 个窗口，其中包括 1 个问询窗口、9 个售票窗口。旅客可从任一售票窗口买到车票。售票窗口对面是列车时刻表和票价表，根据实际情况，有相当一部分人来到售票厅以后都会在此停留一会儿，故将其考虑在内。紧挨列车时刻表的是售票厅大门。旅客到来后，有三种可能的去向：一是直接排队买票；二是先去询问处询问情况；三是先去列车时刻表处观望。后两种去向的人在经过某一段时间后再去排队买票。

TJX 售票厅平面示意图如图 6.1 所示。

旅客到达后，一部分旅客处在观望状态，另一部分旅客去问询，剩下旅客直接到购票窗口排队购票。处在观望状态的旅客在观望后到购票窗口排队购票，问询的旅客在问询完成后一部分到购票窗口排队购票，还有一部分直接离开售票大厅，购票流程如图 6.2 所示。

在对 TJX 售票厅的调研中，我们发现该售票厅存在旅客购票排队时间较长的问题。因此，本章通过对 TJX 售票厅的实地调研，收集该旅客到达、问询、观望、购票等环节

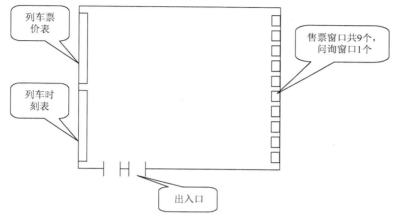

图 6.1　TJX 售票厅平面示意图

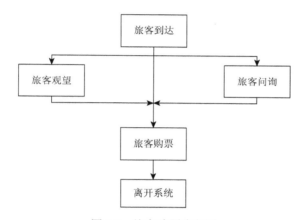

图 6.2　旅客购票流程图

的实际数据，为其建立一个 GPSS 仿真模型，对 TJX 售票厅进行模拟来优化售票窗口配置的数量，为解决 TJX 售票厅旅客购票排队时间过长提供合理的解决方案，从而实现 TJX 售票厅售票窗口的合理配置。

6.2　数据收集与处理

6.2.1　数据收集

　　收集地点：TJX 火车站售票厅。

　　收集时间：2014 年 11 月 1 日（周六），9：30～10：00。

　　收集数据：旅客到达售票厅时间、旅客中去观望的人数、旅客中去问询窗口进行问询的人数、旅客开始购票和购票结束时间、旅客开始问询及问询结束时间、旅客在列车时刻表处进行观望开始的时间及结束时间。

6.2.2 数据处理

对旅客到达时间间隔进行统计分析，在到达旅客中，同一时间有 2 位旅客到达的占 0.23%，同一时间有 3 位旅客到达的占 0.07%，同一时间有 4 位或 6 位旅客到达数据很少，故忽略不计。

为了了解旅客到达时间间隔的特征，首先画出旅客到达时间间隔的直方图，如图 6.3 所示。

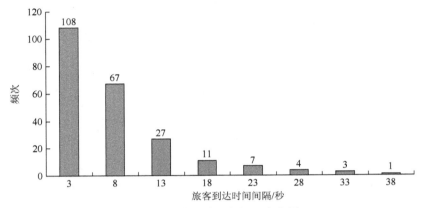

图 6.3 旅客到达时间间隔直方图

由旅客到达时间间隔直方图得到旅客到达时间间隔及概率，如表 6.1 所示。

表 6.1 旅客到达时间统计

时间间隔/秒	频次	概率	累积概率
3	108	0.474	0.474
8	67	0.294	0.768
13	27	0.118	0.886
18	11	0.048	0.934
23	7	0.031	0.965
28	4	0.018	0.983
33	3	0.013	0.996
38	1	0.004	1.000

为了了解旅客购票服务时间的特征，首先画出旅客购票服务时间的直方图，如图 6.4 所示。

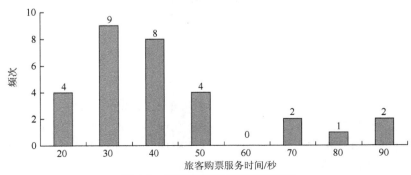

图 6.4 旅客购票服务时间直方图

通过上述旅客购票服务时间直方图,得到旅客购票服务时间统计规律,如表 6.2 所示。

表 6.2　旅客购票服务时间统计

购票服务时间/秒	频次	概率	累积概率
20	4	0.133	0.133
30	9	0.300	0.433
40	8	0.267	0.700
50	4	0.133	0.833
70	2	0.067	0.900
80	1	0.033	0.933
90	2	0.067	1.000

为了了解旅客观望时间的特征,首先画出旅客观望时间的直方图,如图 6.5 所示。

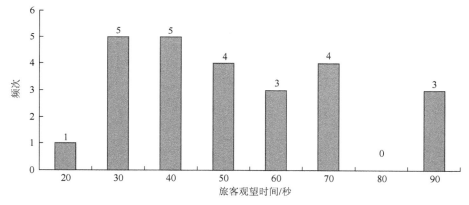

图 6.5　旅客观望时间直方图

通过上述旅客购票观望时间直方图,得到旅客观望时间统计规律,如表 6.3 所示。

表 6.3　旅客观望时间统计

观望时间/秒	频次	概率	累积概率
20	1	0.04	0.04
30	5	0.20	0.24
40	5	0.20	0.44
50	4	0.16	0.60
60	3	0.12	0.72
70	4	0.16	0.88
90	3	0.12	1.00

为了了解旅客问询时间的特征,首先画出旅客问询时间的直方图,如图 6.6 所示。

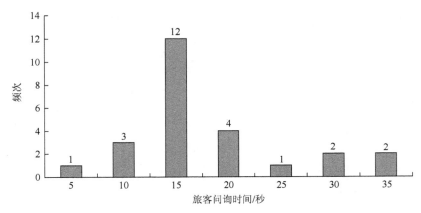

图 6.6　旅客问询时间直方图

通过上述旅客问询时间直方图，得到旅客问询时间统计规律，如表 6.4 所示。

表 6.4　旅客问询时间统计

问询时间/秒	频次	概率	累积概率
5	1	0.04	0.04
10	3	0.12	0.16
15	12	0.48	0.64
20	4	0.16	0.80
25	1	0.04	0.84
30	2	0.08	0.92
35	2	0.08	1.00

在调研过程中，还统计了到来 1 个旅客、同时到来 2 个旅客及 3 个旅客的概率，旅客到来先进行观望、旅客到来直接购票及旅客到来先进行问询的概率，旅客问询完去购票和旅客问询完直接离开售票厅的概率等相关数据，如表 6.5 所示。

表 6.5　其他相关概率统计

项目	概率
到来 1 个旅客	0.70
到来 2 个旅客	0.23
到来 3 个旅客	0.07
旅客到来先进行观望	0.26
旅客到来直接购票	0.62
旅客到来先进行问询	0.12
旅客问询完去购票	0.84
旅客问询完直接离开售票厅	0.16

6.3　系统假设与模型构建

6.3.1　系统假设

假设 1：所有旅客具有相同的优先权，采用先到先服务的服务策略。

假设 2：观望的旅客在观望完成后都要去排队买票。

假设 3：问询的旅客在问询完成后有一部分直接离开售票大厅，其余旅客到售票窗口排队购票。

假设 4：排队购票时如果有空闲窗口，旅客先选择空闲窗口。如果没有空闲窗口，则旅客选择最短的队列，买票后离开。

6.3.2　系统模型

按照旅客在售票厅中的流程，绘制系统的模型图，如图 6.7 所示。

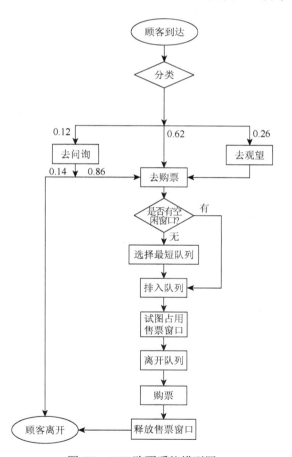

图 6.7　TJX 购票系统模型图

6.4 GPSS 程序设计

6.4.1 程序设计关键

在程序设计中以旅客为流动实体，旅客到达售票厅用 GENERATE 语句来表示，用 TERMINATE 来表示旅客离开售票厅，旅客在售票厅内接受的服务模块有三个，分别为购票、观望和问询，整个程序的设计根据旅客在售票厅内的行走路线来撰写。

由于存在 2 个或 3 个旅客同时到来的情况，所以在程序中用分裂语句 SPLIT 由母体分裂出 1 个或 2 个子体来表示同时到来 2 个或 3 个旅客。

用另外一个 GENERATE 语句产生流动实体，用于仿真时间的控制。满足仿真停止条件时，用 TERMINATE 1 语句消除流动实体，与 START 1 语句共同作用使仿真结束。

1. 永久实体设计

对 TJX 火车站售票情况进行仿真，旅客为系统中的流动实体，不需要定义。在系统中将旅客到达时间间隔、旅客购票时间、旅客观望时间、旅客问询时间分别用函数来表示，问询处和售票窗口则用设备来表示，如表 6.6 所示。

表 6.6 系统永久实体

类型	名称	含义	是否需要定义
函数	ARRTIME	旅客到达时间间隔	是
	BUYTIME	旅客购票时间	是
	WATCHTIME	旅客观望时间	是
	ASKTIME	旅客问询时间	是
设备	1	问询处	否
	2~5	售票窗口	否
表	TABLE_1	统计旅客在系统停留时间	是

2. 函数设计

根据数据处理部分各阶段时间及发生概率，采用函数对旅客到达时间间隔、旅客购票时间、旅客观望时间及旅客问询时间进行拟合，定义相关时间函数，如表 6.7 所示。

表 6.7 系统函数定义

函数名称	含义	定义语句
ARRTIME	旅客到达时间间隔	ARRTIME FUNCTION RN1,C9 0,0/0.474,3/0.768,8/0.886,13/0.934,18/0.965,23/0.982,28/0.996,33/1,38
BUYTIME	旅客购票时间	BUYTIME FUNCTION RN1,C8 0,0/0.133,20/0.433,30/0.7,40/0.833,50/0.9,70/0.933,80/1,90

续表

函数名称	含义	定义语句
WATCHTIME	旅客观望时间	WATCHTIME　FUNCTION RN1,C8 0,0/0.04,20/0.24,30/0.44,40/0.60,50/0.72,60/0.88,70/1,90
ASKTIME	旅客问询时间	ASKTIME　FUNCTION RN1,C8 0,0/0.04,5/0.16,10/0.64,15/0.80,20/0.84,25/0.92,30/1,35

6.4.2　GPSS 程序

```
* * * * * * * * * * * * * * * * * * * * * * * * * * * * * * * * * * * *
*火车站售票系统仿真 TJXSTATION.GPS
* * * * * * * * * * * * * * * * * * * * * * * * * * * * * * * * * * * *
*定义函数和表
TABLE_1    TABLE   M1,100,50,15
ARRTIME    FUNCTION RN1,C9;旅客到达时间间隔函数
0,0/0.474,3/0.768,8/0.886,13/0.934,18/0.965,23/0.982,28/0.996,33/
1,38
BUYTIME    FUNCTION RN1,C8;旅客购票时间函数
0,0/0.133,20/0.433,30/0.7,40/0.833,50/0.9,70/0.933,80/1,90
WATCHTIME FUNCTION RN1,C8;旅客观望时间函数
0,0/0.04,20/0.24,30/0.44,40/0.60,50/0.72,60/0.88,70/1,90
ASKTIME    FUNCTION RN1,C8;旅客问询时间函数
0,0/0.04,5/0.16,10/0.64,15/0.80,20/0.84,25/0.92,30/1,35
* * * * * * * * * * * * * * * * * * * * * * * * * * * * * * * * * * * *
* 旅客到达
GENERATE FN$ARRTIME;旅客到达
TRANSFER 0.7,,TR;有 70%同一时间点到达 1 位旅客
TRANSFER 0.77,SP3,SP2
SP2 SPLIT 1,TR
TRANSFER  ,TR
SP3 SPLIT 2,TR
* * * * * * * * * * * * * * * * * * * * * * * * * * * * * * * * * * * *
* 旅客购票、观望、问询
TR  TRANSFER 0.26,,WATCH;26%观望
TRANSFER 0.84,ASK,BUY;剩下 74%中 84%的去排队购票,16%的去问询
WATCH  ADVANCE FN$WATCHTIME;观望过程
TRANSFER  ,BUY;观望完去排队购票
ASK QUEUE 1;排入问询队伍
```

```
SEIZE 1;试图占用问询处
DEPART 1;离开问询队伍
ADVANCE FN$ASKTIME;问询过程
RELEASE 1;释放问询处
BUY TRANSFER 0.16,,AWAY;16%的问询完后直接离开售票厅,其余的人去排队购票
SELECT NU 1,2,5,,F;P1=空闲的售票窗口
TEST E P1,0,BK;P1=0,则无空闲售票窗口
SELECT MIN 1,2,5,,Q;P1=最短的队
BK QUEUE P1;排入队列 P1
SEIZE P1;试图占用售票窗口 P1
DEPART P1;离开队列 P1
PRIORITY 1
ADVANCE FN$BUYTIME;买票
RELEASE P1;释放售票窗口 P1
TABULATE TABLE_1;制表 TABLE_1
AWAY TERMINATE
GENERATE 3600
TERMINATE 1
START 1
```

6.5 仿真结果与优化

6.5.1 仿真报告

对 TJX 售票厅仿真 10 小时，得到旅客排队、售票窗口利用、旅客在系统中停留时间等仿真结果，如表 6.8 所示。

表 6.8 4 个售票窗口的仿真结果

FACILITY	ENTRIES	UTIL.	AVE. TIME	AVAIL.	OWNER	PEND	INTER	RETRY	DELAY
1	75	0.319	15.332	1	0	0	0	0	0
2	95	0.999	37.863	1	475	0	0	0	67
3	98	0.997	36.633	1	516	0	0	0	68
4	98	0.995	36.533	1	490	0	0	0	66
5	99	0.994	36.131	1	519	0	0	0	67

续表

QUEUE	MAX	CONT.	ENTRY	ENTRY (0)	AVE.CONT.	AVE.TIME	AVE.(−0)	RETRY
1	2	0	75	51	0.101	4.869	15.216	0
2	70	67	162	1	34.069	757.096	761.798	0
3	69	68	166	1	33.821	733.474	737.919	0
4	69	66	164	2	33.538	736.202	745.291	0
5	69	67	166	1	33.315	722.493	726.871	0

6.5.2　结果分析

从仿真结果中可以看出问询窗口最大队长为 2 人，旅客在队列里的平均等待时间为 4.869 秒，说明问询窗口的旅客不需要等待很长时间就可以接受服务。4 个售票窗口的平均队长均为 69 人以上，旅客的平均等待时间均大于 700 秒，说明旅客大约要等待 10 分钟以上，等待时间较长，需要增加售票窗口。

6.5.3　优化方案

针对上述分析发现的问题，售票窗口分别改为 5 个、6 个和 7 个，仿真结果如表 6.9～表 6.11 所示。

方案 1：设置 5 个售票窗口，仿真结果如表 6.9 所示。

表 6.9　5 个售票窗口的仿真结果

FACILITY	ENTRIES	UTIL.	AVE. TIME	AVAIL.	OWNER	PEND	INTER	RETRY	DELAY
1	98	0.404	14.837	1	0	0	0	0	0
2	114	0.999	31.553	1	670	0	0	0	32
3	103	0.997	34.855	1	655	0	0	0	31
4	103	0.994	34.740	1	672	0	0	0	31
5	106	0.994	33.745	1	659	0	0	0	32
6	100	0.988	35.581	1	641	0	0	0	31

QUEUE	MAX	CONT.	ENTRY	ENTRY (0)	AVE.CONT.	AVE.TIME	AVE.(−0)	RETRY	
1	4	0	98	58	0.247	9.080	22.247	0	
2	33	32	146	1	19.949	491.897	495.289	0	
3	33	31	134	1	19.759	530.848	534.840	0	
4	32	31	134	2	19.588	526.236	534.209	0	
5	32	32	138	1	19.400	506.097	509.792	0	
6	32	31	131	4	19.175	526.960	543.557	0	

将工作的售票窗口增加为 5 个后，旅客排队等待时间从 4 个售票窗口工作状态下的 700 多秒下降到 500 秒左右，队列的最大队长为 33 人，售票厅旅客购票等待时间过长的现象得到了改善，但是旅客等待时间还是稍长。

方案 2：设置 6 个售票窗口，仿真结果如表 6.10 所示。

表 6.10　6 个售票窗口的仿真结果

FACILITY	ENTRIES	UTIL.	AVE. TIME	AVAIL.	OWNER	PEND	INTER	RETRY	DELAY
1	96	0.408	15.309	1	856	0	0	0	1
2	95	0.985	37.343	1	752	0	0	0	16
3	99	0.974	35.417	1	748	0	0	0	16
4	96	0.976	36.608	1	759	0	0	0	16
5	100	0.963	34.665	1	744	0	0	0	15
6	98	0.942	34.600	1	740	0	0	0	15
7	97	0.921	34.179	1	724	0	0	0	15

QUEUE	MAX	CONT.	ENTRY	ENTRY（0）	AVE.CONT.	AVE.TIME	AVE.(−0)	RETRY
1	4	1	97	65	0.131	4.871	14.765	0
2	17	16	111	7	7.468	242.193	258.495	0
3	17	16	115	8	7.250	226.953	243.922	0
4	17	16	112	10	7.110	228.534	250.939	0
5	16	15	115	13	7.023	219.841	247.860	0
6	16	15	113	12	6.794	216.442	242.158	0
7	16	15	112	12	6.646	213.618	239.252	0

售票窗口增加为 6 个后，队列的最大队长为 17 人，平均等待时间为 200 秒左右。

方案 3：设置 7 个售票窗口，仿真结果如表 6.11 所示。

表 6.11　7 个售票窗口的仿真结果

FACILITY	ENTRIES	UTIL.	AVE. TIME	AVAIL.	OWNER	PEND	INTER	RETRY	DELAY
1	96	0.407	15.252	1	0	0	0	0	0
2	90	0.979	39.149	1	783	0	0	0	2
3	100	0.959	34.507	1	785	0	0	0	2
4	101	0.951	33.908	1	794	0	0	0	3
5	86	0.920	38.522	1	786	0	0	0	3
6	95	0.926	35.088	1	788	0	0	0	3
7	90	0.893	35.722	1	805	0	0	0	2
8	87	0.831	34.372	1	820	0	0	0	1

续表

QUEUE	MAX	CONT.	ENTRY	ENTRY (0)	AVE.CONT.	AVE.TIME	AVE.(−0)	RETRY
1	5	0	96	49	0.311	11.669	23.835	0
2	4	2	92	14	1.636	64.031	75.524	0
3	4	2	102	18	1.472	51.942	63.073	0
4	4	3	104	23	1.321	45.728	58.712	0
5	4	3	89	22	1.206	48.786	64.805	0
6	3	3	98	30	1.080	39.656	57.151	0
7	3	2	92	34	0.979	38.310	60.767	0
8	3	1	88	32	0.874	35.769	56.208	0

　　将工作的售票窗口增加为 7 个后，队列的最大队长为 5 人，平均等待时间为 50 秒左右。因此，将售票窗口从 4 个增加到 7 个，可以更好地为旅客提供售票服务。

6.5.4　优化方案对比

　　将上述优化方案进行对比，结果如表 6.12 所示。

表 6.12　优化方案对比

方案	售票窗口数量/个	最大队长/人	最长队列的平均等待时间/秒	最低窗口利用率
实际方案	4	70	757.096	0.994
方案 1	5	33	530.848	0.988
方案 2	6	17	242.193	0.921
方案 3	7	4	64.031	0.893

　　结果显示当售票窗口增加到 7 个时，售票系统的运作情况得到明显改善。窗口的最大队长从 70 人下降到 4 人，7 个窗口中最长队列的平均等待时间从 700 多秒下降到 60 多秒，旅客排队等待情况得到了明显改善，能够为广大旅客购票提供更好的服务。

6.6　结　　论

　　针对火车站售票处旅客排队时间过长的问题，收集旅客到达时间、购票时间，建立模型，编写 GPSS 程序，进行模拟分析。研究发现，火车站原有售票窗口设置方案下旅客购票排队时间过长，平均队长 69 人，排队时间超过 10 分钟。针对问题，提出改进方案，将售票窗口由原来的 4 个增加为 7 个，购票排队时间由原来的 757 秒减少为 64 秒，同时售票窗口的利用率仍然保持在 89.3%，实现了排队时间与资源利用的优化。

第7章 高速公路收费通道配置优化

为了考量 JB 高速 TJ 收费站收费通道配置是否合理，收集车辆到达和服务时间，建立车辆缴费的流程图、系统模型并设计 GPSS 程序。对该收费站仿真 10 小时，发现该收费站现有的收费通道配置不合理，车辆排队时间等待时间较长。对收费通道配置方案进行优化，并进行优化后的模拟分析，给出比较合理的收费通道配置方案，这可以在很大程度上减少车辆等待时间，提升顾客满意度。

7.1 问 题 描 述

高速公路作为现代化的公路运输基础设施，其产生和发展是国民经济发展的必然结果。随着我国经济的发展，交通需求急剧增长，高速公路收费站在发挥类似于管道阀门作用的同时，已经成为整个高速公路的瓶颈，控制着整条高速公路的运输流量和效率，其服务质量的好坏非常重要。

JB 高速 TJ 收费站是单向多通道服务，进入高速的共有 5 个服务窗口，出高速的有 6 个服务窗口，车辆进出站具有相似的模式。车进入收费区，排队进行缴费，然后离开。

高速公路收费流程为车辆到达后先观察是否有空闲窗口，如果有空闲窗口则到空闲窗口进行缴费，如果没有空闲窗口，则自动选择最短的队列，车辆排入队列，然后离开队列接受服务，进行缴费，缴费完成后车辆离开收费站。

在对高速收费站的调研中我们发现该高速收费站存在车辆排队等待时间过长的现象，因此本章通过对高速收费站的实地调研，收集该高速收费站车辆到达、收费等环节的实际数据，为其建立一个 GPSS 仿真模型，通过对该高速收费站进行模拟来优化收费窗口配置的数量，为解决该高速收费站收费窗口车辆等待时间过长的现状提供合理的解决方案，从而实现高速收费站收费窗口的合理配置。

7.2　数据收集与处理

7.2.1　数据收集

收集地点：JB 高速收费站。
收集时间：2014 年 11 月 29 日（周六），9：00～10：00。
收集数据：车辆到达收费站窗口时间、开始服务时间及服务结束时间。

7.2.2　数据处理

为了了解车辆到达时间间隔的特征，基于车辆到达时间，计算出车辆到达间隔，并画出车辆到达时间间隔的直方图，如图 7.1 所示。

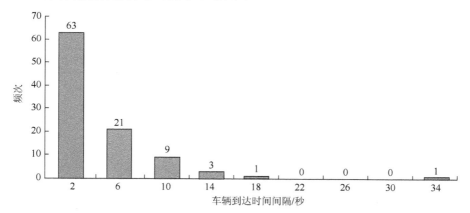

图 7.1　车辆到达时间间隔直方图

由车辆到达时间间隔直方图得到车辆到达时间间隔及概率，如表 7.1 所示。

表 7.1　车辆到达时间间隔统计

车辆到达时间间隔/秒	频次	概率	累积概率
2	63	0.64	0.64
6	21	0.21	0.85
10	9	0.09	0.94
14	3	0.03	0.97
18	1	0.01	0.98
34	1	0.01	0.99

为了了解车辆收费服务时间的特征，画出车辆收费服务时间的直方图，如图 7.2 所示。由车辆收费服务时间直方图得到收费窗口服务时间及概率，如表 7.2 所示。

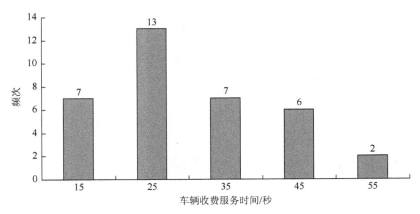

图 7.2　车辆收费服务时间直方图

表 7.2　收费窗口服务时间

车辆收费服务时间/秒	频数	概率	累计概率
15	7	0.20	0.20
25	13	0.37	0.57
35	7	0.20	0.77
45	6	0.17	0.94
55	2	0.06	1.00

7.3　系统假设与模型构建

7.3.1　系统假设

假设 1：车辆到达收费窗口接受服务时采取先到先服务方式。

假设 2：假设收费系统不需维护，进行全时段服务；车进入服务区后不出现阻塞通道的意外；前车离开的时间是后面车接受服务的时间。

假设 3：车辆优先选择最短队排队。

假设 4：进入高速的共有 5 个服务窗口，出高速的有 6 个服务窗口，只仿真出高速的方向。

假设 5：不考虑 ETC 出口。

7.3.2　系统模型

高速公路收费系统模型如图 7.3 所示。

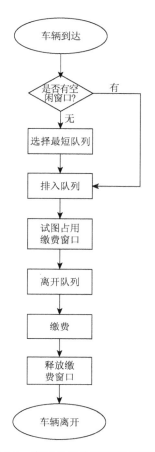

图 7.3　高速公路收费系统模型图

7.4　GPSS 程序设计

7.4.1　程序设计关键

在程序设计中以车辆为流动实体，车辆到达高速收费站用 GENERATE 语句来表示，用 TERMINATE 来表示车辆离开收费站，车辆在收费窗口接受服务，整个程序的设计根据车辆的行走路线来撰写。

用另外一个 GENERATE 语句产生流动实体，用于仿真时间的控制。满足仿真停止条件时，用 TERMINATE 1 语句消除流动实体，与 START 1 语句共同作用使仿真结束。

1. 永久实体设计

对高速收费站运营情况进行仿真，车辆为系统中的流动实体，不需要定义。在系统中将车辆到达时间间隔和车辆收费服务时间分别用函数来表示，收费通道则用设备来表示，所定义的函数、设备如表 7.3 所示。

表 7.3　系统永久实体

类型	名称	含义	是否需要定义
函数	ARRTIME	车辆到达时间间隔	是
	SERVETIME	车辆收费服务时间	是
设备	1～6	收费通道	否

2. 函数设计

根据数据处理部分各阶段时间及发生概率，采用函数对车辆到达时间间隔、收费服务时间进行拟合，定义相关时间函数，如表 7.4 所示。

表 7.4　系统函数定义

函数名称	含义	定义语句
ARRTIME	车辆到达时间间隔	ARRTIME FUNCTION RN1,C7 0,0/0.64,2/0.85,6/0.94,10/0.97,14/0.98,18/1,34
SERVETIME	车辆收费服务时间	SERVETIME FUNCTION RN2,C6 0,0/0.2,15/0.57,25/0.77,35/0.94,45/1,55

7.4.2　GPSS 程序

```
*******************************************
*高速公路收费系统仿真 GAOSU.GPS
*******************************************
*定义函数
ARRTIME FUNCTION RN1,C7;车辆到达时间间隔函数
0,0/0.64,2/0.85,6/0.94,10/0.97,14/0.98,18/1,34
SERVETIME FUNCTION RN2,C6;车辆收费服务时间函数
0,0/0.2,15/0.57,25/0.77,35/0.94,45/1,55
*******************************************
*车辆到达
Generate FN$ARRTIME
*******************************************
*车辆缴费
SELECT NU 1,1,6,,F;P1=空闲窗口
TEST E P1,0,BK;P1=0 无空闲窗口
SELECT MIN 1,1,6,,Q;P1=最短的队
BK  QUEUE P1;排入队列 P1
SEIZE P1;试图占用收费站 P1
DEPART P1;离开队列 P1
```

PRIORITY　1;先处理车辆离队接受服务,再处理车辆排入队列
ADVANCE　FN$SERVETIME;收费处理
RELEASE　P1;释放收费站 P1
TERMINATE ;车辆离开系统
****
*仿真时间控制
GENERATE　3600;仿真 10 小时
TERMINATE　1
START　1

7.5　仿真结果与优化

7.5.1　仿真报告

高速收费站设置 6 个收费通道的仿真如表 7.5 所示。

表 7.5　6 个收费通道仿真结果

FACILITY	ENTRIES	UTIL.	AVE. TIME	AVAIL.	OWNER	PEND	INTER	RETRY	DELAY
1	154	0.999	23.364	1	897	0	0	0	33
2	141	0.999	25.499	1	864	0	0	0	34
3	154	0.995	23.260	1	879	0	0	0	32
4	128	0.990	27.843	1	880	0	0	0	33
5	146	0.992	24.470	1	884	0	0	0	33
6	163	0.994	21.945	1	896	0	0	0	33

QUEUE	MAX	CONT.	ENTRY	ENTRY（0）	AVE.CONT.	AVE.TIME	AVE.（-0）	RETRY
1	34	33	187	1	16.271	313.237	314.921	0
2	34	34	175	1	16.169	332.614	334.526	0
3	34	32	186	3	15.938	308.483	313.541	0
4	33	33	161	2	15.818	353.694	358.143	0
5	33	33	179	3	15.641	314.571	319.933	0
6	33	33	196	2	15.490	284.512	287.445	0

7.5.2　结果分析

从仿真结果来看,6 个收费通道的使用效率最高为 0.999,最低为 0.990,均接近满负荷工作状态。6 个收费通道当中最长的平均等待时间为 353.694 秒,最短的平均等待时间

为 284.512 秒。从仿真结果可以看出，车辆排队在队列中平均等待大约 5 分钟左右，排队等待时间比较长，需要增加相应的收费通道。

7.5.3　优化方案

方案 1：设置 7 个收费通道，仿真结果如表 7.6 所示。

表 7.6　7 个收费通道仿真结果

FACILITY	ENTRIES	UTIL.	AVE. TIME	AVAIL.	OWNER	PEND	INTER	RETRY	DELAY
1	145	0.997	24.764	1	1022	0	0	0	9
2	142	0.994	25.188	1	1024	0	0	0	8
3	151	0.988	23.566	1	1015	0	0	0	8
4	149	0.985	23.792	1	1028	0	0	0	8
5	143	0.985	24.806	1	1007	0	0	0	9
6	147	0.985	24.123	1	1030	0	0	0	9
7	148	0.969	23.573	1	1037	0	0	0	8
QUEUE	MAX	CONT.	ENTRY	ENTRY（0）	AVE.CONT.	AVE.TIME	AVE.（−0）	RETRY	
1	10	9	154	3	4.374	102.247	104.279	0	
2	10	8	150	6	4.205	100.922	105.127	0	
3	10	8	159	6	3.999	90.539	94.090	0	
4	9	8	157	7	3.886	89.105	93.263	0	
5	9	9	152	10	3.752	88.872	95.130	0	
6	9	9	156	11	3.632	83.808	90.166	0	
7	9	8	156	12	3.504	80.871	87.610	0	

从仿真结果来看，设置 7 个收费通道的使用效率最高为 0.997，最低为 0.969。7 个收费通道当中最长的平均等待时间为 102.247 秒，最短的平均等待时间为 80.871 秒。从仿真结果可以看出，增加 1 个收费通道可以大大缩短车辆的等待时间。

方案 2：设置 8 个收费通道，仿真结果如表 7.7 所示。

表 7.7　8 个收费通道仿真结果

FACILITY	ENTRIES	UTIL.	AVE. TIME	AVAIL.	OWNER	PEND	INTER	RETRY	DELAY
1	145	0.971	24.103	1	1067	0	0	0	1
2	157	0.953	21.850	1	1073	0	0	0	0
3	136	0.946	25.030	1	1068	0	0	0	1
4	140	0.910	23.411	1	1070	0	0	0	1
5	130	0.906	25.088	1	1065	0	0	0	2
6	125	0.891	25.659	1	1083	0	0	0	1
7	127	0.848	24.041	1	1072	0	0	0	1
8	117	0.812	24.997	1	0	0	0	0	0

续表

QUEUE	MAX	CONT.	ENTRY	ENTRY（0）	AVE.CONT.	AVE.TIME	AVE.（−0）	RETRY	
1	5	1	146	21	1.566	38.621	45.109	0	
2	5	0	157	40	1.423	32.638	43.797	0	
3	4	1	137	26	1.353	35.553	43.881	0	
4	4	1	141	37	1.190	30.388	41.199	0	
5	4	2	132	39	1.157	31.547	44.777	0	
6	4	1	126	34	1.050	29.993	41.077	0	
7	4	1	128	41	0.943	26.521	39.019	0	
8	4	0	117	36	0.886	27.274	39.396	0	

从仿真结果来看，设置 8 个收费通道的使用效率最高为 0.971，最低为 0.812。8 个收费通道当中最长的平均等待时间为 38.621 秒，最短的平均等待时间为 26.521 秒。

7.5.4 优化方案对比

将上述优化方案进行对比，结果如表 7.8 所示。

表 7.8 优化方案对比

方案	收费通道数量/人	最大队长/人	最长队列的平均等待时间/秒	最低窗口利用率
原方案	6	34	313.2	0.994
优化方案 1	7	10	102.2	0.969
优化方案 2	8	5	38.6	0.812

通过对比原通道设置及优化方案 1 和优化方案 2 可以看出，设置 7 个收费通道时车辆的等待时间不超过 2 分钟，通道的最低利用率为 0.969。设置 8 个收费通道时车辆等待时间不到 1 分钟，通道的利用率达到 80%以上。综合比较，建议设置 8 个收费通道。

7.6 结　论

高速公路收费站往往成为影响人们出行时间、造成交通堵塞的重要因素。针对 JB 高速 TJ 收费站车辆等待交费时间过长的问题，收集车辆到达时间、交费时间，建立模型，编写 GPSS 程序，进行模拟分析。研究发现，高速公路收费站原有设置方案车辆交费等待时间较长。针对问题，提出改进方案，将收费通道由原来的 6 个增加为 8 个，排队时间显著降低，实现了排队时间与资源利用的优化。

第 **8** 章　交通路口红绿灯时间设置优化

　　交通路口红绿灯时间控制影响道路交通的通行率和车辆的等待时间。对于不同类型的路口应该设置不同的红绿灯时间。通过收集天津市的道路交通路口的车辆到达、通行及红绿灯时间数据，统计数据规律，构建红绿灯路口模型，并编制 GPSS 模拟程序，仿真分析交通路口的利用率和车辆等待时间。根据分析结果，进行路口红绿灯时间设置优化，这可以减少车辆的等待时间和道路路口的通行利用率，缓解交通堵塞，提高道路畅通率。

8.1　问　题　描　述

　　随着经济的快速发展，人们的生活水平提高，很多家庭都购买了汽车，而越来越多的私家车出行，使得道路拥堵情况越来越严重，给交通带来了很大的压力。在交通管理方面，大家最熟知也是最常见的方式就是交通信号灯，即红绿灯。理想的情况是绿灯亮时道路上的车辆井井有条地行驶，红灯亮时道路上的车辆依次停止，排队等候。有些路口的车辆只需要等一个绿灯就能通过。而有些交通压力比较大的路口，排的队很长，部分车辆在信号灯变绿时仍不能到达路口，只能等待下一次绿灯亮起。交通路口的红灯和绿灯应该分别持续多长时间才合适呢？本章将以天津市交通路口为研究对象，仿真分析红绿灯时间设置对车辆通行的影响。

　　天津作为直辖市，人口众多，城市交通压力大，交通拥堵比较严重。道路路口大致可分为三类：两条大路交叉组成的大路口、一条大路和一条小路交叉组成的非对称路口、两条小路交叉组成的小路口。路口从道路的功能上来讲虽然是相同的，但是不同的路口交通情况会有不同。例如，两条大路和两条小路属于对称路口，南北方向和东西方向的道路上的车流量往往是不同的，有可能南北方向的车流量比较大，也有可能东西方向的车流量比较大。此外，非对称路口，一条大路和一条小路的车流量也是不一样的，大路为主干道，车流量大，小路车流量小。红绿灯如何设定时间，需要基于路口的实际情况来进行决策。

为了收集到真实的道路车辆通行数据,我们耗时 4 天共 25 小时获取了 15 个路口的高峰期和非高峰期的车辆到达及通行数据和红绿灯时间数据,分析车辆到达规律,通过 GPSS 编程,模拟车辆路口通行情况,得到车辆等待时间和路口通行率,并提出改进方案,比较改进效果。

8.2　数据收集与处理

8.2.1　数据收集

首先,需要确定要调研的对象,即三种路口:双向大路口、双向小路口、一大一小非对称路口。路口红绿灯设置可分为三种情况。

(1)只有一个红绿灯,绿灯时可以直行和左转,右转不受交通灯限制可随时通行,红灯时不能直行和左转。

(2)设两个红绿灯,分别指示左转和直行车辆。左转灯绿时,左转车辆通行;直行灯绿时,直行车辆通行;右转车辆可随时通行,不受红绿灯限制。

(3)设三个红绿灯,分别指挥直行、左转和右转车辆。

根据交通规则和常识,绝大多数的红绿灯只针对于直行车道和左转车道,右转的车辆不受红绿灯控制可以直接右转,即第三种情况较少出现,在此不予考虑。为了获得这些路口的普遍规律,决定每种路口以 5 个路口作为调查对象来收集数据,总计 15 个路口。所以收集的数据分为一个具体路口的直行车辆情况和左转车辆情况两类。收集的数据包括在一定时间内的到来车辆数、绿灯时的通行车辆数及红绿灯的持续时间。每个路口收集高峰时间和非高峰时间两种情况下的数据。数据收集以红绿灯变化的一个周期为单位,即一个周期从直行变为绿灯开始计时,经历了直行绿灯加上直行红灯的时间,直到直行红灯结束下一次绿灯开始之前为止。每个路口收集 5 个周期的 5 组数据,时间的单位为秒。

数据收集方案如表 8.1 所示。

表 8.1　路口数据收集方案

类型	路口代码	有无左转灯	收集数据类型
双向大路口	D1	均有	1. 直行到达车辆数(台) 2. 左转到达车辆数(台) 3. 直行通过车辆数(台) 4. 左转通过车辆数(台) 5. 直行绿灯时间(秒) 6. 左转绿灯时间(秒) 7. 直行车道数(个) 8. 左转车道数(个)
	D2	东西向无	
	D3	均有	
	D4	东西向无	
	D5	均有	
双向小路口	X1	均无	
	X2	均无	
	X3	均无	
	X4	均无	
	X5	均无	

类型	路口代码	有无左转灯	收集数据类型
一大一小非对称路口	F1	均无	1. 直行到达车辆数（台） 2. 左转到达车辆数（台） 3. 直行通过车辆数（台） 4. 左转通过车辆数（台） 5. 直行绿灯时间（秒） 6. 左转绿灯时间（秒） 7. 直行车道数（个） 8. 左转车道数（个）
	F2	南北小路无	
	F3	均无	
	F4	南北小路无	
	F5	南北小路无	

各路口车道数量与红绿灯时间设置如表 8.2 所示。

表 8.2 路口车道数量与红绿灯时间

路口	南北向				东西向			
	直行车道/个	左转车道/个	直行绿灯/秒	左转绿灯/秒	直行车道/个	左转车道/个	直行绿灯/秒	左转绿灯/秒
D1	3	1	44	36	2	1	55	25
D2	2	1	59	38	2	1	86	无
D3	4	2	63	58	4	2	58	49
D4	2	1	42	22	2	1	41	无
D5	2	1	48	46	2	2	27	20
X1	2	1-混用	26	无	2	1-混用	20	无
X2	2	1-混用	53	无	2	1-混用	45	无
X3	2	1-混用	47	无	2	1-混用	51	无
X4	2	1-混用	51	无	2	1-混用	28	无
X5	2	1-混用	34	无	2	1-混用	18	无
F1	2	1	66	无	2	1-混用	36	无
F2	2	1-混用	21	无	4	1	68	12
F3	2	1-混用	37	无	4	1	61	无
F4	2	1-混用	38	无	4	2	62	34
F5	2	1-混用	31	无	2	1	31	27

注：左转车道"1-混用"表示没有专用的左转车道，与直行车辆混用一条直行车道；左转绿灯"无"表示没有专用的左转指示灯，左转与直行共用指示灯

由表 8.2 可以看出，天津市道路红绿灯设置上具有以下特征。

第一，根据不同的道路和同一路口的不同方向，设置不同的绿灯通行时间。这说明天津市根据道路的车流量设置红绿灯时间，在一定程度上利用了红绿灯的调节作用，提高了路口通行率。

第二，在主干道上，单独设置左转指示灯和左转专用车道。在小路上，不单独设左转车道和左转指示灯，左转车辆与左侧直行车道混用，并受直行指示灯指挥。这种道路通行结构的设计，有利于提高道路的资源利用率。

第三，红绿灯时间设置上没有考虑交通高峰期与非高峰期的差异，红绿灯时间的设置是恒定不变的，不随交通流量动态调整。这种固定不变的模式可能造成非高峰期路面上绿灯方向车辆通行较少，即路口利用率低、车辆等待时间长。

针对表 8.2 中的每个路口，收集高峰时段和非高峰时段的 5 个红绿灯周期的直行与左转车辆到达和通行数量，每个路口收集东西和南北两个方向，所以每个路口收集数据量为 $2\times5\times2\times4=80$，总计 15 个路口收集车辆数据为 $15\times80=1200$ 个。收集的车辆数据项如表 8.3 所示。篇幅所限，不再列出全部原始数据。

表 8.3　车辆通行数量的数据收集方案

路口	道路方向	南北向				东西向			
	车辆方向	直行车辆		左转车辆		直行车辆		左转车辆	
	高峰期	到达	通过	到达	通过	到达	通过	到达	通过
	非高峰	到达	通过	到达	通过	到达	通过	到达	通过

8.2.2　数据处理

数据处理的主要工作是计算每个路口每个方向的车辆到达时间间隔和通行时间规律。具体包括以下几类数据：①直行车辆到达时间间隔；②左转车辆到达时间间隔；③直行车辆通行时间；④左转车辆通行时间。

平均到达时间间隔的计算公式如下：
$$平均到达时间间隔=红绿灯周期时间/到达车辆数量 \tag{8.1}$$

平均通行时间的计算公式如下：
$$平均通行时间=单次绿灯持续时间/高峰期通过车辆数量 \tag{8.2}$$

需要特别指出的是，车辆的平均通行时间代表的是路口的通行能力，与是否是高峰期无关。计算时要用高峰期通行数据，因为非高峰期存在路口空闲的现象。

对于每个路口的 5 组数据，计算出 5 个红绿灯周期的平均时间，再基于这 5 个时间，计算出总的平均时间 t 和偏差 σ，并假设时间变化范围为 $t\pm3\sigma$。

8.3　系统假设与模型构建

8.3.1　系统假设

假设 1：车辆到达十字路口采取先到先通过方式，忽略车辆加塞的情况。

假设 2：进入路口的车辆全部能离开路口，不存在排队过长而掉头离开的车辆。

假设 3：所有车辆都遵守交通规则，忽略闯红灯的车辆及由此造成的混乱情况。

8.3.2　系统模型

根据三种类型路口的道路构成及红绿灯设置情况，分别画出双向大路口、一大一小非对称路口和双向小路口共三种路口的车辆通行模型，如图 8.1～图 8.3 所示。

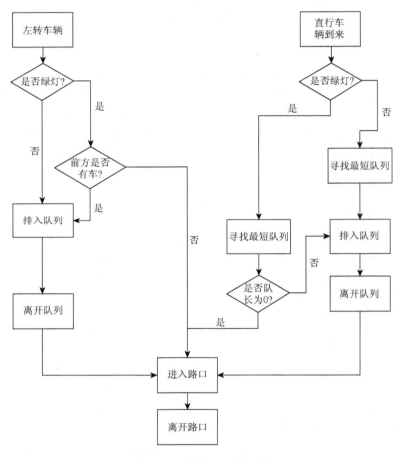

图 8.1　双向大路口模型图

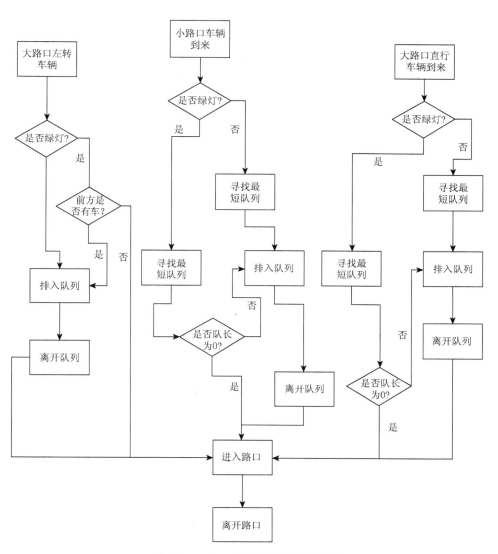

图 8.2　一大一小非对称路口模型图

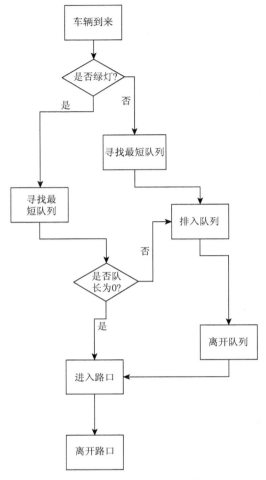

图 8.3　双向小路口模型图

8.4　GPSS 程序设计

8.4.1　程序设计关键

　　首先，在 GPSS 程序中，以车辆为流动实体，车辆到达路口用 GENERATE 语句来表示，车辆离开路口用 TERMINATE 来表示，整个程序的设计根据车辆的行走过程来撰写。用 4 个不同的 GENERATE 语句表示南北向直行车辆到达、南北向左转到达、东西向直行到达和东西向左转到达。路口为永久实体，可定义为设备或存储器。

　　其次，车辆用另一个 GENERATE 语句开头的程序段进行红绿灯设置，控制车辆的通行，即仿真交通路口红绿灯时间的控制。用逻辑开关控制红绿灯的变化。例如，对于有 4 个指示灯的大路口，设置相应的 4 个逻辑开关。当某一指示灯为绿灯时，将相应逻辑开关置于 SET 状态，其他逻辑开关置于 RESET 状态，只有 SET 状态的车道车辆可以通行。

再次，由于收集的数据为一个红绿灯周期内的车辆到达数量和通行数量，不必进行分车道统计，所以模拟程序可以将路口设为一台设备，设备的服务时间即每一车辆通过时间。通行时间根据通行车辆数量和绿灯时间计算。

最后，需要为三种类型的路口分别设计 GPSS 程序。双向大路口直行和左转车道相互独立，直行和左转都有红绿灯控制。双向小路口没有单独的左转车道和左转红绿灯，左转车辆行驶在最左车道，与直行车辆共用车道和红绿灯。非对称路口的主路方向有独立的左转车道和左转红绿灯，小路方向左转车辆受直行红绿灯指挥，共用最左侧直行车道。

另外，车辆到达时间间隔的波动较大，车辆通行时间比较稳定。因此，车辆到达时间间隔需要定义函数，而车辆通行时间不定义函数，在 ADVANCE 语句中用均值和半宽的方式确定。

8.4.2　GPSS 程序

基于路口类型，需要编写三类程序分别模拟双向大路口、一大一小非对称路口和双向小路口。对于同类路口，具体到每一个路口，车辆到达和通行及红绿灯时间的设置也会有所不同，需要针对每个路口调整程序中的参数。另外，对于每个路口，要分别针对高峰期和非高峰期的车辆数据进行程序参数设置和模拟。因此，总共需要编写 30 个 GPSS 程序。针对每类路口，程序结构相同，差异在于程序参数。因此，限于篇幅，在此只给出双向大路口的高峰期模拟程序。

```
*********************************************
高峰期大路口 D1 模拟程序 GFD1.GPS
*********************************************
*双向大路交通路口模拟
*********************************************
*定义不同方向不同车辆到达时间间隔函数
*********************************************
*  南北方向直行车辆到达时间间隔函数
ARRNB1 FUNCTION RN1,C5
0,1.96/0.16,2.43/0.5,2.63/0.84,2.88/1,3.99

*南北方向左转车辆到达时间间隔函数
ARRNB2 FUNCTION RN1,C5
0,4.31/0.16,6.43/0.5,7.69/0.84,9.57/1,11.07

*东西方向直行车辆到达时间间隔函数
ARRDX1 FUNCTION RN1,C5
0,2.01/0.16,2.45/0.5,2.65/0.84,2.88/1,3.89

*东西方向左转车辆到达时间间隔函数
ARRDX2 FUNCTION RN1,C5
```

```
0,5.78/0.16,7.2/0.5,7.84/0.84,8.61/1,12.18

DUIBIAO1 QTABLE 1,0,30,10
DUIBIAO2 QTABLE 2,0,30,10
DUIBIAO3 QTABLE 3,0,30,10
DUIBIAO4 QTABLE 4,0,30,10
```

*南北方向直行车的到达及通行
```
GENERATE FN$ARRNB1;南北方向直行车辆到来
QUEUE 1
GATE LS 1;判断是否绿灯
SEIZE LUKOU
DEPART 1
ADVANCE 0.6,0.2;车辆通过路口
RELEASE LUKOU
TERMINATE
```

*南北方向左转车的到达及通行
```
GENERATE FN$ARRNB2;南北方向左转车辆到来
QUEUE 2
GATE LS 2;判断是否绿灯
SEIZE LUKOU
DEPART 2
ADVANCE 1.7,0.5;车辆通过路口
RELEASE LUKOU
TERMINATE
```

*东西方向直行车的到达及通行
```
GENERATE FN$ARRDX1;东西方向直行车到达
QUEUE 3
GATE LS 3;判断是否绿灯
SEIZE LUKOU
DEPART 3
ADVANCE 0.9,0.2;车辆通过路口
RELEASE LUKOU
TERMINATE
```

*东西方向左转车的到达及通行

```
GENERATE  FN$ARRDX2;东西方向左转车到达
QUEUE  4
GATE  LS  3;判断是否绿灯
SEIZE  LUKOU
DEPART  4
ADVANCE  1.7,0.5;车辆通过路口
RELEASE  LUKOU
TERMINATE

*红绿灯变化模拟
GENERATE   ,,,1
LA LOGIC S 1;设置南北向直行为绿灯,其他均为红灯
ADVANCE  44;南北向直行绿灯 44 秒
LOGIC R 1;南北向直行变为红灯
LOGIC S 2;南北向左转变为绿灯
ADVANCE  36;南北向左转绿灯 36 秒
LOGIC R 2;南北向左转变为红灯
LOGIC S 3;东西向直行变为绿灯
ADVANCE  55;东西向直行绿灯持续 55 秒
 LOGIC R 3;东西向直行变为红灯
LOGIC S 4;东西向左转变为绿灯
ADVANCE  25;东西向左转绿灯持续 25 秒
LOGIC R 4;东西向左转变为红灯
TRANSFER  ,LA;转入下一个红绿灯变化周期

*仿真程序控制,共模拟 2 小时,7200 秒
GENERATE 7200
TERMINATE 1
START 1
```

8.5 仿真结果与优化

8.5.1 仿真报告

　　分别对双向大路口 D1 的高峰期和非高峰期车辆通行情况仿真运行 2 小时,得到 GPSS 仿真报告如表 8.4 和表 8.5 所示。报告中主要给出了不同方向车辆的平均等待时间和路口的利用率。我们希望路口的利用率较高且车辆的等待时间较短。

表 8.4　D1 路口高峰期仿真结果

FACILITY	ENTRIES	UTIL.	AVE. TIME	AVAIL.	OWNER	PEND	INTER	RETRY	DELAY
LUKOU	7061	0.971	0.990	1	7090	0	0	0	7
QUEUE	MAX	CONT.	ENTRY	ENTRY（0）	AVE.CONT.	AVE.TIME	AVE.（−0）	RETRY	
1	48	42	2664	54	22.243	60.117	61.361	0	
2	18	10	917	16	7.735	60.732	61.810	0	
3	41	15	2657	0	24.994	67.728	67.728	0	
4	14	5	895	0	8.348	67.155	67.155	0	

表 8.5　D1 路口非高峰期仿真结果

FACILITY	ENTRIES	UTIL.	AVE. TIME	AVAIL.	OWNER	PEND	INTER	RETRY	DELAY
LUKOU	4503	0.627	1.003	1	0	0	0	0	0
QUEUE	MAX	CONT.	ENTRY	ENTRY（0）	AVE.CONT.	AVE.TIME	AVE.（−0）	RETRY	
1	30	24	1577	272	10.466	47.786	57.746	0	
2	12	6	584	60	4.438	54.712	60.977	0	
3	27	7	1787	6	13.209	53.221	53.400	0	
4	10	2	594	0	4.357	52.815	52.815	0	

8.5.2　结果分析

　　将 D1 路口的高峰期和非高峰期的路口利用率、车辆排队队长及等待时间进行比较，如表 8.6 所示。高峰期路口的利用率为 97.1%，非高峰期利用率为 62.7%。高峰期车辆平均等待时间均超过 60 秒，非高峰期车辆平均等待时间为 50 秒左右。可以看出，非高峰期的路口利用率不高，但是车辆等待时间并不比高峰期少多少，说明目前采用固定的红绿灯时间设置方案不够合理。目前方案比较适合高峰期，但不适合非高峰期。

表 8.6　D1 路口现有红绿灯时间设置下的模拟结果

时段	路口利用率	平均等待时间/秒				平均队列长度/辆			
		南北直行	南北左转	东西直行	东西左转	南北直行	南北左转	东西直行	东西左转
高峰期	0.971	60.1	60.7	67.7	67.1	22.2	7.7	25.0	8.3
非高峰	0.627	47.8	54.7	53.2	52.8	10.5	4.4	13.2	4.4

8.5.3　优化方案

　　针对 D1 路口实际的红绿灯设置时间及车辆等待时间较长的情况，分别针对高峰期和非高峰期红绿灯设置时间进行调整。调整的原则是按比例减少各方向绿灯的持续时间，即提高交通灯的转换频率，减少在路口出现绿灯方向无车通行而红灯方向等待时间较长的问题。两个优化方案分别用于探索绿灯持续时间不同减少幅度的情况，如表 8.7 所示。

表 8.7　D1 路口红绿灯设置时间　　　　　单位：秒

方案	时段	南北向		东西向	
		直行绿灯	左转绿灯	直行绿灯	左转绿灯
实际方案	不分时段	44	36	55	25
优化方案 1	非高峰期	30	25	35	20
优化方案 2	非高峰期	25	20	30	15

8.5.4　优化方案对比

优化方案 1 和优化方案 2 的模拟结果如表 8.8 和表 8.9 所示。可以看出，两种方案均有所改进，减少了各方向车辆的等待时间和队长，路口利用率也有所提高。三种方案的比较总结在表 8.10 中。

表 8.8　D1 路口非高峰期的优化方案 1 仿真结果

FACILITY	ENTRIES	UTIL.	AVE. TIME	AVAIL.	OWNER	PEND	INTER	RETRY	DELAY
LUKOU	4554	0.636	1.005	1	0	0	0	0	0
QUEUE	MAX	CONT.	ENTRY	ENTRY (0)	AVE.CONT.	AVE.TIME	AVE.（−0）	RETRY	
1	22	4	1592	274	7.277	32.910	39.752	0	
2	9	0	599	67	3.104	37.310	42.009	0	
3	20	17	1787	0	9.842	39.653	39.653	0	
4	8	7	604	1	3.287	39.186	39.251	0	

表 8.9　D1 路口非高峰期的优化方案 2 仿真结果

FACILITY	ENTRIES	UTIL.	AVE. TIME	AVAIL.	OWNER	PEND	INTER	RETRY	DELAY
LUKOU	4572	0.638	1.005	1	0	0	0	0	0
QUEUE	MAX	CONT.	ENTRY	ENTRY（0）	AVE.CONT.	AVE.TIME	AVE.（−0）	RETRY	
1	19	16	1613	261	6.031	26.920	32.117	0	
2	9	3	601	67	2.606	31.223	35.141	0	
3	16	3	1780	2	7.678	31.057	31.092	0	
4	6	1	601	1	2.612	31.293	31.345	0	

表 8.10　D1 路口非高峰期不同方案的比较

方案	路口利用率	平均等待时间/秒				平均队列长度/辆			
		南北直行	南北左转	东西直行	东西左转	南北直行	南北左转	东西直行	东西左转
实际方案	0.627	47.8	54.7	53.2	52.8	10.5	4.4	13.2	4.4
优化方案 1	0.636	32.9	37.3	40.0	39.2	7.3	3.1	9.8	3.3
优化方案 2	0.638	26.9	31.2	31.1	31.3	6.0	2.6	7.7	2.6

显然，在三个方案中，优化方案 2 最佳。与原实际方案相比，南北方向的直行车辆平均等待时间由 47.8 秒减少为 26.9 秒，减少幅度为 43.7%。南北方向左转车辆等待时间减少 43.0%，东西直行车辆等待时间减少 41.5%，东西向左转车辆等待时间减少了 40.7%。总之，对于上班高峰期，通过减少各方向绿灯持续时间，提高红绿灯转换频率，能够减少 40% 以上的车辆等待时间，不仅能够提高出行者满意度，而且能够减少车辆的汽油消耗，节约能源，减少环境污染。

8.6　结　　论

本章收集天津市不同类型路口的红绿灯设置、道路结构及车辆到达和通行规律，通过模拟方法分析了红绿灯设置方案的合理性，找出天津市道路交通红绿灯设置的优点及不足之处，给出改进方案。

天津市红绿灯设置时考虑不同路口不同方向的通行能力和车辆数量，设置不同的红绿灯时间，比较科学合理，能够较好地保证道路的畅通。对于主干道，专门设置左转道和左转指示灯。对于非主干道，左转与直行共用道路和指示灯。这在道路使用结构上比较合理，也是提高道路通行率的一个重要方面。

天津市道路红绿灯设置的主要问题在于灯时控制不区分交通高峰期与非高峰期。对 D1 大路口的模拟分析表明，该路口高峰期红绿灯灯时设置比较合理，但非高峰期时绿灯时间与红灯时间的持续时间过长，红绿灯转换频率偏低，路口利用率不足，造成路口的服务能力空闲。针对上述问题，提出优化方案，增加红绿灯的转换频率，缩短每个状态灯时的持续时间。

模拟结果显示，优化方案能够减少各方向车辆的等待时间 40% 以上。这说明通过红绿灯时间设置的调整和优化，不需要增加任何投入，就能够大幅度提高人们的出行效率，减少能源浪费和尾气排放，是一件利国利民的好事。

第 9 章 飞机票购买时机选择策略优化

一般来说，飞机票价格与购买提前期有关系，但非简单的线性关系，存在一定的随机性。为找到最佳购票时机，本项目收集北京到上海的 90 天内的 1485 趟航班的机票数据。通过数据分析，找到机票价格的影响因素和基本规律，然后确定最佳机票购买策略，构建模拟模型，编写 GPSS 程序，通过模拟仿真的方法，比较不同策略下的购票成本。研究发现，机票价格主要受到购票提前期、出发时间、机型等因素的影响，并且可以根据提前期将机票价格的波动划分为 0～7 天、8～30 天、31～60 天、61～90 天共四个阶段。根据价格的分阶段变化规律，最佳购票时机为提前 8～30 天。仿真 100 次购票的结果显示，最佳购票策略的购票总成本为 35 662 元。提前期短于一周的紧急购票、1～90 天内的随机购票、30～90 天的提前购票的总成本均超过 5 万元，显著高于推荐策略。

9.1　问　题　描　述

随着经济发展与社会的进步，越来越多的人选择乘坐飞机出行。乘坐飞机出行最大的优点是速度快、时间短、服务水平高，尤其适合远距离出行。除了上述原因外，机票价格折扣也是吸引人们乘飞机出行的重要因素。如果购买时机恰当，有些机票能够以两折的价格买到，甚至比乘坐高铁还要便宜。但是，如果时机不合适，必须以原来票价购买，没有价格折扣。也就是说，对于乘坐同一次航班的乘客来说，人们付出的机票价格差异很大，最高价格甚至是最低价格的 5 倍。

飞机票价对于出行者的旅行成本有重要影响，一般短期出差飞机票价甚至占到差旅总成本的 80%以上。因此，无论是对因个人事务出行的消费者，还是对需要支付高额差旅成本的企业、政府和其他组织来说，选择合适的时间购买飞机票都能够节省大量资金，节约开支，提高资金使用价值。

一般来说，飞机票价格与购买提前期有关系，但非简单的线性关系，受到其他因素的影响，并存在一定的随机性。因此，很难简单地确定提前多长时间能够买到最低价格的机票。购票时机选择，成为人们购票决策上的难题。

本项目从携程网收集北京到上海的 90 天内的 1485 趟航班的机票数据，包括价格折扣、购票提前期、航班出发日是星期几及是否为节日假期。首先，通过数据分析，找到机票价格的影响因素和票价变化的基本规律，然后确定不同出行时间条件下的机票购买策略，构建模拟模型，编写 GPSS 程序，通过模拟仿真的方法，评价验证机票购买策略对交通出行成本的影响。最后，给出飞机票购买的最优策略和建议。

9.2　数据收集与处理

9.2.1　数据收集

首先，选择我国最重要的两个中心城市北京和上海之间的航班为研究对象。一方面，北京和上海在我国经济和社会发展中起着举足轻重的作用，是我国人口密集的政治、经济和文化中心。另一方面，北京和上海各居我国的南北方，在地理位置上相距较远，适合乘坐飞机出行。

数据来源：携程网。

收集时间：2015 年 11 月 16 日。

收集数据：北京到上海航线 90 天内的机票信息，包括机型、出发时间、到达时间、是否假期、准点率、有无餐食、票价折扣等，共 1485 条。

对收集到的数据进行初步的处理，将出发时间转换为购票提前期，即距离飞机出发提前购买机票的天数。另外，根据飞行时间，得出飞行当天是星期几，如周一、周二等。因此，增加数据项目"提前期"和"星期几"。为了便于后续的定量分析，将数据项中的星期几、有无餐食、机型转化为虚拟变量。

最后，得到 1485 条能够直接进行定量分析的数据，数据项包括机型、出发时间、到达时间、是否假期、准点率、有无餐食、提前期、星期几、票价折扣。

9.2.2　数据处理

对北京到上海的飞机票数据进行相关分析，发现重要的影响因素有提前期、星期几、是否假期。提前期是其中最重要的因素，票价折扣与提前期之间关系的样本散点图如图 9.1 所示。平均价格曲线如图 9.2 所示。

从整体上来看，按照飞机票价格变化可分为三个阶段。第一个阶段是提前期为 1 天，票价从三折到原价。第二个阶段是提前期为 2～60 天，价格折扣在两折到五折。第三个阶段是提前期为 60～90 天，价格折扣处于三折到原价，并表现出五个典型的折扣水平线。因此，应该分阶段进行数据分析，找到不同阶段的票价规律。

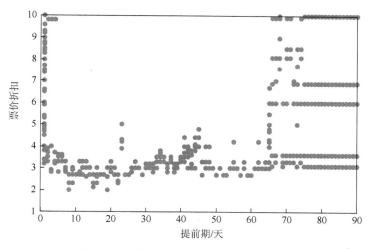

图 9.1　票价折扣与提前期之间的关系图

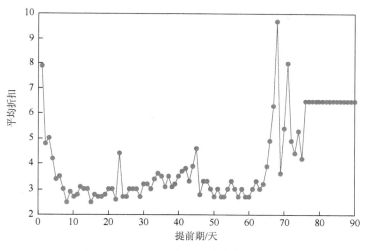

图 9.2　平均折扣与提前期之间的关系

1. 提前期为 1 天的票价分析

首先分析提前期为 1 天的票价。通过相关分析，提前 1 天折扣价格主要受机型、出发时间和到达时间的影响，有无餐食和准点率没有显著影响。基本规律是大型机价格较高，早晨 8 点之前和晚上 21 点以后出发价格较低。出发时间与价格折扣的变化规律如图 9.3 所示。显然，提前 1 天购票的价格往往较贵，因此不建议提前 1 天购票，应该提前更长时间购票。

2. 提前期为 2~60 天的票价分析

对提前期为 2~60 天的票价进行分析，计算出每天票价的平均折扣，如图 9.4 所示。显然，前一周内的票价线性下降，说明在提前期一周内的票价较贵，不应该在出差之前的一周内购票。提前期为 8~30 天，票价处于比较稳定的状态，主要看出行时间是星期几。

提前期 30～50 天，票价上升。提前期 50～60 天，票价比较稳定。

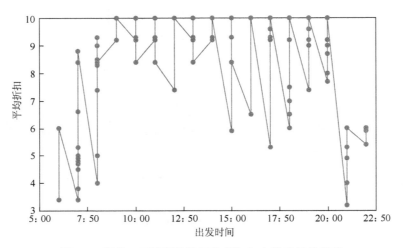

图 9.3　提前 1 天购票价格平均折扣与出发时间的关系

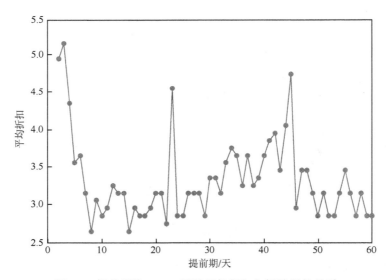

图 9.4　提前期为 2～60 天的平均折扣与提前期的关系

　　从出发时间属于星期几来看，价格也存在变化规律。去掉提前期 7 天以内的数据，画出星期几与平均折扣的散点图，如图 9.5 所示。可以看出，每周二的机票价格最便宜，周一、周六和周日的机票价格比较贵。

　　3. 提前期为 60～90 天的票价分析

　　提前期为 60～90 天的票价大幅度上升，甚至部分航班没有折扣。这说明提前期过长购买机票，反而价格很高，折扣很少。另外，提前期过长，也需要过早确定行程，影响行程的灵活性。因此，无论从出行成本来看，还是从出行安排的灵活性来看，都不宜提前两个月以上购买机票。

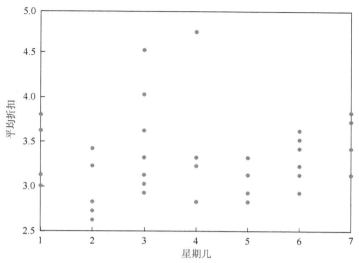

图 9.5　星期几与平均折扣之间的关系

9.3　飞机票购买策略

9.3.1　推荐策略

根据前面的机票价格波动规律分析，提出以下推荐购票策略。

（1）非节假日出行，尽量在提前 1 个星期到 1 个月的时间段内购票，提前 8～30 天购票价格最低。尽量避免提前期长于 1 个月或短于 7 天的时间段内购票。更不要提前两个月以上购票，不但价格贵，而且需要提前太长时间确定出行安排，灵活度太低。

（2）如果出行时间能够调整，尽量不要在周六、周日和周一出行，尽量选在周二到周五出行。

（3）如果是节假日出行，适当提前购票，建议提前 20～30 天购票。

（4）如果离出行时间在一周以内，则应该立刻订票。因为在一周之内，票价与提前期线性相关，提前期越长，票价越便宜。如果第二天出差，则可选择机型和出行时间点来降低成本。一般大型飞机票价较高，中型飞机票价比较便宜，早晨 8 点之前和晚上 21 点之后起飞的飞机票价较低。

为了论述方便，后面称这种推荐的购票策略为时机购买型策略。

9.3.2　现实中的主要策略

人们的行为习惯和性格不同，往往采用不同的机票购买策略。对做事比较严谨、喜欢提前规划的出行者来说，他们往往倾向于提前较长的时间购买机票。有些乘客直觉上认为提前时间越长机票越便宜，因此甚至可能提前一两个月购买机票。为了论述方便，称这种乘客的购票策略为提前购买型策略。

对于那些比较习惯临时抱佛脚的乘客及那些临时决定出差的乘客来说，他们往往在提前期一周之内购买机票。为了论述方便，称这种乘客的购票策略为紧急购买型策略。

另外，有些乘客购买机票的行为比较随机，基本上很少考虑购票提前期对票价的影响，因此购买提前期从 1 天到 90 天不等，均匀随机确定。为了论述方便，称这种乘客的购票策略为随机购买型策略。

不同类型购票策略如表 9.1 所示。其中，第一个方案为推荐策略。后面将通过模拟分析的方法，比较不同购票策略下的购票成本差异。

表 9.1　四种飞机票购买策略

方案	策略类型	购买时间
1	时机购买型	提前 8～30 天
2	提前购买型	提前 30～90 天
3	紧急购买型	提前 1～7 天
4	随机购买型	提前 1～90 天

9.4　系统假设与模型构建

9.4.1　系统假设

假设 1：飞机票价格折扣只与购票提前期有关，忽略其他因素的影响。

假设 2：飞机票价格波动服从正态分布，并可计算出机票价格折扣的平均值与标准偏差。

假设 3：顾客购买飞机票时机选择只有四种策略，即时机购买型、提前购买型、紧急购买型和随机购买型。

假设 4：北京到上海方向的航班机票全价均为 1240 元。

9.4.2　模型构建

机票购买流程分析的基本逻辑如图 9.6 所示。首先，产生出行需求并确定出行时间。为了比较不同价格策略在相同出行需求下的成本差异，对每一个出行需求进行四种策略的购票模拟，计算出四种购票价格。根据购票策略，确定购票时间。根据购票时间，确定购票价格。由于本项目的重点在于确定最佳的订票时间，在模拟分析中不再考虑出行时间在星期几对票价的影响。

1. 购票提前期为 1～7 天

对于购票提前期 1～7 天的票价折扣波动较大，根据平均折扣和标准偏差定义函数并确定机票价格，如表 9.2 所示。

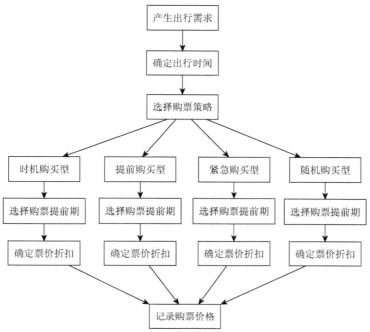

图 9.6 购票策略模拟流程

表 9.2 提前期 1～7 天的平均折扣及偏差

提前期/天	平均折扣	标准偏差
1	7.9	2.05
2	4.8	2.78
3	5.0	3.31
4	4.2	2.46
5	3.4	0.27
6	3.5	0.13
7	3.0	0.17

2. 购票提前期为 8～30 天、31～60 天、61～90 天

购票提前期 8～30 天、31～60 天、61～90 天的机票价格与购票提前期之间不存在显著的线性关系，表现出一定的随机波动性，因此用三个时间段内的折扣均值和该时间段内每天均值波动的偏差来确定机票价格，假设价格波动服从正态分布。

三个时间段内的机票折扣均值及日均值波动的偏差如表 9.3 所示。

表 9.3 票价折扣的均值与偏差

提前期/天	平均折扣	标准偏差
8～30	2.9	0.38
31～60	3.2	0.43
61～90	5.7	1.60

9.5 GPSS 程序设计

9.5.1 程序设计关键

为了比较不同购买策略的机票购买成本的差异，仿真 100 次购买需求下的四种策略，即针对每个出行需求，按照四种策略分别确定机票价格，并计算总购买成本。系统基本假设是每一个出行需求都能够有时间用四种策略购买机票。

每天产生一个出行需求，然后分裂出三个流动实体，加上母体共四个流动实体，分别模拟不同的购票策略。对于每种购票策略，先确定购票提前期，然后根据订票提前期与价格之间的函数，确定购票价格，并进行票价累加。

GPSS 程序的关键是购票提前期的确定和购票价格的确定。对于表 9.1 中四种购买方案的提前期分别定义四个函数。为了根据提前期来确定票价折扣，也要定义四个函数，来对应四个时间段内的价格。根据表 9.1 定义提前期函数，如表 9.4 所示。根据表 9.2 和表 9.3 定义机票价格函数，如表 9.5 所示。

表 9.4　飞机票购买提前期函数

策略	购买时间	提前期函数	定义语句
时机购买型	提前 8～30 天	TQQ1	TQQ1 FUNCTION RN1,C2 0,8/1,30
提前购买型	提前 30～90 天	TQQ2	TQQ2 FUNCTION RN1,C2 0,30/1,90
紧急购买型	提前 1～7 天	TQQ3	TQQ3 FUNCTION RN1,C2 0,1/1,7
随机购买型	提前 1～90 天	TQQ4	TQQ4 FUNCTION RN1,C2 0,1/1,90

表 9.5　机票价格函数

提前期	价格函数	函数定义
1～7 天	PRICE1_MEAN	PRICE1_MEAN FUNCTION P1,D7；平均折扣,P1 为提前期 1,7.9/2,4.8/3,5/4,4.2/5,3.4/6,3.5/7,3
	PRICE1_VAR	PRICE1_VAR FUNCTION P1,D7；折扣偏差,P1 为提前期 1,2.05/2,2.78/3,3.31/4,2.46/5,0.27/6,0.13/7,0.17
8～30 天	PRICE 2	PRICE 2 FUNCTION RN1,C5 0,2/0.16,2.52/0.5,2.9/0.84,3.28/1,3.66
31～60 天	PRICE 3	PRICE 3 FUNCTION RN1,C5 0,2.34/0.16,2.77/0.5,3.2/0.84,3.63/1,4.49
61～90 天	PRICE4	PRICE 4 FUNCTION RN1,C5 0,2.4/0.16,4.1/0.5,5.7/0.84,7.3/1,10

9.5.2 GPSS 程序

```
*******************************
*飞机票购买策略仿真 AIRTICKET.GPS
*******************************
*定义购票提前期与购票价格函数
*******************************
TQQ1 FUNCTION RN1,C2;时机购买型,推荐策略
0,8/1,30
TQQ2 FUNCTION RN1,C2;提前购买型
0,30/1,90
TQQ3 FUNCTION RN1,C2;紧急购买型
0,1/1,7
TQQ4 FUNCTION RN1,C2;随机购买型
0,1/1,90
PRICE1_MEAN FUNCTION P1,D7;提前期1~7天的平均折扣,P1 为提前期
1,7.9/2,4.8/3,5/4,4.2/5,3.4/6,3.5/7,3
PRICE1_VAR FUNCTION P1,D7;提前期1~7天的折扣偏差,P1 为提前期
1,2.05/2,2.78/3,3.31/4,2.46/5,0.27/6,0.13/7,0.17
PRICE2 FUNCTION RN1,C5;提前期8~30天的购买价格
0,2/0.16,2.52/0.5,2.9/0.84,3.28/1,3.66
PRICE3 FUNCTION RN1,C5;提前期31~60天的购买价格
0,2.34/0.16,2.77/0.5,3.2/0.84,3.63/1,4.49
PRICE4 FUNCTION RN1,C5;提前期61~90天的购买价格
0,2.4/0.16,4.1/0.5,5.7/0.84,7.3/1,10
PRICE_EMERGENCY1 VARIABLE FN$PRICE1_MEAN+0.001#FN$PRICE1_VAR#RN1;
PRICE_EMERGENCY2 VARIABLE FN$PRICE1_MEAN-0.001#FN$PRICE1_VAR#RN1;
RESULT MATRIX,100,4
GENERATE 1;产生出行需求
*******************************
*分裂为四个流动实体,分别用于四种购票策略的模拟分析
*******************************
SPLIT 1,LA2
SPLIT 1,LA3
SPLIT 1,LA4
*******************************
*模拟方案1,即推荐的时机策略,在8~30天内购票
```

```
*********************************
LA1 ASSIGN 1,FN$TQQ1;确定购票提前期
ASSIGN 2,FN$PRICE2;确定购票价格
SAVEVALUE SOLUTION1+,P2
SAVEVALUE 1+,1
MSAVEVALUE RESULT,X1,1,P2
TERMINATE 1
*********************************
*模拟方案 2,即提前购买策略,在 30～90 天内购票
*********************************
LA2 ASSIGN 1,FN$TQQ2;确定购票提前期
TEST LE P1,60,LB1;判断提前期是否在 30～60 天内
ASSIGN 2,FN$PRICE3;确定 31～60 天的购票价格
TRANSFER  ,LB2
LB1 ASSIGN 2,FN$PRICE4;确定 61～90 天的购票价格
LB2 SAVEVALUE SOLUTION2+,P2
SAVEVALUE 2+,1
MSAVEVALUE RESULT,X2,2,P2

TERMINATE 1
*********************************
*模拟方案 3,即紧急购买策略,在 1～7 天内购票
*********************************
LA3 ASSIGN 1,FN$TQQ3;确定购票提前期
TEST LE RN1,500,LA3_1
ASSIGN 2,V$PRICE_EMERGENCY1;确定紧急购票价格
TRANSFER  ,LA3_2
LA3_1 ASSIGN 2,V$PRICE_EMERGENCY2;确定紧急购票价格
LA3_2 SAVEVALUE SOLUTION3+,P2
SAVEVALUE 3+,1
MSAVEVALUE RESULT,X3,3,P2
TERMINATE 1
*********************************
*模拟方案 4,即随机购买策略,在 1～90 天内购票
*********************************
LA4 ASSIGN 1,FN$TQQ4;确定购票提前期
TEST LE P1,7,LD1;判断提前期范围是否在 1～7 天内
*提前 1～7 天购票
```

```
ASSIGN 1,FN$TQQ3;确定购票提前期
TEST LE RN1,500,LA4_1
ASSIGN 2,V$PRICE_EMERGENCY1;确定 1～7 天的购票价格
TRANSFER  ,LA4_2
LA4_1 ASSIGN 2,V$PRICE_EMERGENCY2;确定紧急购票价格
LA4_2 TRANSFER  ,LD4
*提前 8～30 天购票
LD1 TEST LE P1,30,LD2;判断提前期范围是否在 8～30 天内
ASSIGN 2,FN$PRICE2;确定 8～30 天的购票价格
TRANSFER  ,LD4
*提前 31～60 天购票
LD2 TEST LE P1,60,LD3;判断提前期范围是否在 31～60 天内
ASSIGN 2,FN$PRICE3;确定 31～60 天的购票价格
TRANSFER  ,LD4
*提前 61～90 天购票
LD3 ASSIGN 2,FN$PRICE4;确定 61～90 天的购票价格
LD4 SAVEVALUE SOLUTION4+,P2
SAVEVALUE 4+,1
MSAVEVALUE RESULT,X4,4,P2
TERMINATE 1
START 400
```

9.6　仿真结果分析

仿真 100 次出行需求下四种策略的机票购买折扣，得到结果如表 9.6 所示。目前北京到上海航班机票全价一般为 1240 元，按照这个价格标准，计算出不同机票采购策略下的 100 次出行总票价。

表 9.6　4 种机票购买策略 100 次的购买成本比较

策略	购票提前期/天	平均折扣	总成本/元
时机购买型	8～30	2.876	35 662
提前购买型	30～90	4.418	54 783
紧急购买型	1～7	4.17	51 708
随机购买型	1～90	4.18	51 832

仿真结果验证了推荐的时机购买策略为最优方案，平均折扣为 2.876，购票花费总成本为 35 662 元，相对其他策略下的成本均在 51 000 元以上，最优方案的成本大大降低。

因此，按照最优推荐策略，购买机票的最佳时机是提前 8～30 天。

另外，提前购买型的成本最高，这与人们一般的直觉认识相悖。因此，不应该提前过长时间购买机票，尤其是不应该提前两个月以上时间购买机票。紧急购买和随机购买的机票价格差异不大，但价格均显著高于最优购买策略。但是，由于在提前期 1～7 天内，机票价格随着提前期的缩短而线性增加，如果在三天内购买，紧急购买票价会大幅度提升。

9.7 结 论

为了研究机票价格与购票提前期之间的关系并找到最佳购票策略，收集北京到上海的提前期 1～90 天内的 1485 趟航班数据，分析机票价格折扣的影响因素后发现机票价格主要受购票提前期、机型、出发时间、星期几等因素的影响。其中，影响最显著的是购票提前期。

分析发现，票价波动可分为四个阶段，即提前 1～7 天、提前 8～30 天、提前 31～60 天、提前 61～90 天。提前 1～7 天，机票价格与提前期成反比，即提前期越短，价格越贵。当提前期为 1 天时，票价平均为 7.9 折。

提前期 8～30 天时，机票价格最低，平均为 2.9 折，且波动较小。因此，提前期 8～30 天为最佳购买时机。该段时间票价的主要影响因素是出行日在星期几。一般来说，周六、周日和周一价格较高，周二价格最低。因此，如果能够改变出行时间，可尽量避免周末和周一出行。

提前期 31～60 天时，机票价格有所提高，平均折扣为 3.2 折，并且波动幅度也有所增加。提前期两个月以上时，机票价格显著增加，平均折扣达到 5.7 折，波动也大幅度增加，出现了将近 1/3 的机票全价的情况。所以，不建议提前一个月以上购买机票，尤其是不能提前两个月以上购买。

最后，为了评价给出的 8～30 天购买方案的优劣，通过 GPSS 模拟的方法分析了 100 次出行需求下四种购票策略的机票价格。仿真结果表明，推荐策略的购票成本远远低于随机购买型、提前购买性和紧急购买型的购票成本，8～30 天为最佳购票时机。

本章研究的意义不仅在于给出了最佳购票时机，更重要的是证明购票策略会对购票成本产生极大的影响。通过采用最佳购票策略，政府部门、企业、医院、学校等各类组织能够大大减少差旅成本。

第10章 药品库存采购策略优化

对于药品流通企业来说，药品采购与库存控制是一个至关重要的核心问题。如果进货少会导致药品缺货，失去销售机会。如果进货过多，会造成资金占用和库存费用增加的问题，产生过多库存采购成本。因此，库存采购优化的目标是根据市场需求特征和库存采购成本，找到合适的订货点和订货量，以实现利润最大和成本最低。本项目根据BB公司药品销售的历史数据和库存采购成本，构建库存采购模型，并编写GPSS程序，通过模拟仿真分析，找到最佳库存采购策略，减少库存成本，提高销售利润。

10.1 问 题 描 述

采购库存管理是供应链管理中的一项重要内容，对于药品流通企业来说，药品采购与库存控制是一个至关重要的核心问题。如果进货少会导致药品缺货，失去销售机会。如果进货过多，会造成资金占用和库存费用增加的问题，产生过多库存采购成本。因此，企业要根据市场需求进行库存采购优化，找到合适的订货点和订货量，以实现利润最大和成本最低。

BB公司是一家药品流通企业，主营药品批发零售业务。公司有较为完善的供应链系统，实现了对其信息流、物流、资金流的控制。本章针对该公司的药品库存采购系统进行仿真研究，涉及其采购子系统和销售子系统。

观察BB公司的药品销售及库存数据时发现，普遍存在着库存量过大、毛利率低的问题。这就导致药品大量积压，造成不必要的损失且收益较低。库存量过大说明药品采购的过程存在问题，与药品的销售情况联系的不够紧密。因此，为减少库存成本，提高利润，有必要对公司药品采购策略进行分析和改进。

经济批量模型是库存的基本理论，但是假设条件是需求确定。BB公司药品销售属于非确定性需求，存在很大的随机性，无法采用经济批量模型。因此，本项目采用模拟仿真的方法比较不同采购策略下的成本和收益，寻找最佳库存采购策略。

药品库存水平受销售量和采购量影响。以月为时间单位进行研究，根据历史销量的概率分布确定每月市场订单需求量。当市场订单到达时，看库存量是否能够满足需求。如果库存量大于等于市场需求量，则进行销售，减少相应的库存量。如果库存量小于市场需求量，则无法销售，丧失销售机会。

同时，采购部门随时关注库存需求，当库存量小于等于订货点时，进行药品订货采购，采购量为采购批量。经过一定的时间（采购提前期）后，药品到货，增加相应的库存量。系统流程如图 10.1 所示。库存采购策略优化的关键是根据药品销售规律和采购库存成本确定最佳的订货点和采购批量，实现成本最小、利润最大。

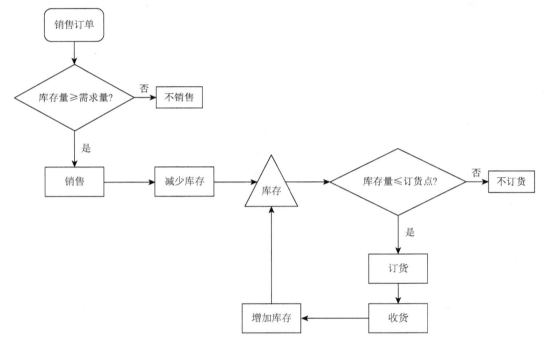

图 10.1　药品采购库存系统流程

库存采购策略优化的关键是根据药品销售规律和采购库存成本确定最佳的订货点 P 和采购批量 Q，实现成本最小、利润最大。其中，利润受销售量、销售价格、采购价格、订货费、库存成本等方面的影响。其中，假设每次订货费用固定，年库存成本占库存药品价值的 20%，即月库存成本为 1.67%。

$$利润=销量×售价–采购量×采购价–订货费–库存成本 \qquad (10.1)$$

10.2　数据收集与处理

10.2.1　数据收集

收集 BB 公司清开灵注射液 2011 年 1 月到 2014 年 12 月的月度销售数据，如图 10.2 所示。该药品月度销量波动较大，均值为 218 333 盒，标准偏差为 104 129。最小为 28 515 盒，最大为 413 168 盒。

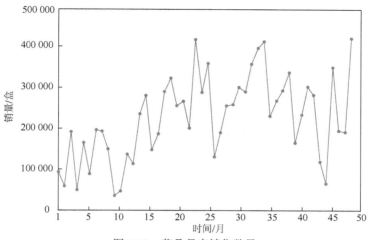

图 10.2 药品月度销售数量

该药品采购和销售等相关数据如表 10.1 所示。

表 10.1 药品采购和销售相关数据

采购价/元	销售价/元	订货提前期/元	订货费用/元	库存成本/%
8	10	7	1000	1.67

10.2.2 数据处理

对过去 2011~2014 年共 48 个月的销售数据进行分析,以得到市场需求概率函数。数据处理步骤如下。

(1)对销量按照从小到大进行升序排序。

(2)计算每个销量对应的累计概率,计算方法为该销量对应的序号除以 48。

(3)画出累计概率-销量曲线,如图 10.3 中的实际曲线。

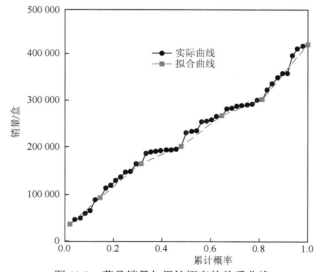

图 10.3 药品销量与累计概率的关系曲线

（4）定义函数，用曲线上的 7 个点组成的折线近似表示药品销售规律，如图 10.3 中的拟合曲线。

根据拟合曲线，给出药品销量的累计概率，如表 10.2 所示。需要特别说明的是，GPSS 中连续函数的定义从累计概率 0 开始，因此根据曲线规律增加累计概率 0 点数据，假设销量起点为 20 000 盒。根据表 10.2，可直接定义药品销售的需求函数。

表 10.2 药品销量与累计概率

销量/盒	累计概率
20 000	0.000
28 515	0.021
85 942	0.146
158 529	0.312
194 463	0.479
260 404	0.646
295 234	0.813
413 168	1.000

10.3 系统假设与模型构建

10.3.1 系统假设

根据该药店的现实运作情况和模拟仿真分析的目标，系统假设如下。

假设 1：未来药品需求规律与往年相同。

假设 2：当月库存成本为当月库存药品价值的 1.67%。

假设 3：每次采购费用固定，单次采购费用为 1000 元。

假设 4：如果库存量小于市场需求量，无法进行销售，丧失销售机会。

假设 5：供应商药品供应充足，不存在下达采购订单但无货的情况。

假设 6：假设初始库存量为 200 000 盒。

10.3.2 系统模型

根据数据分析结果与系统假设，对系统处理流程进一步细化，得到系统模型图（图 10.4）。本系统按功能分为两个子系统：采购子系统和销售子系统。销售子系统负责判断库存量是否满足销售需求，在满足的情况下销售药品，记录销量，将库存量减去销售量，实现库存更新。采购子系统负责检测库存量，当库存量低于订货点时，向供应商订货，记录订货量和订货次数，并在一段时间之后收货，增加库存量。

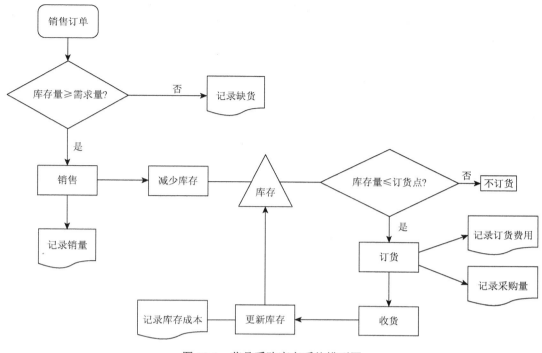

图 10.4　药品采购库存系统模型图

　　模拟的关键是找到在不同订货点和订货量的情况下,如何使系统的总利润最大。因此,需要设计多种订货策略,进行比较分析,找到最佳方案。

10.4　GPSS 程序设计

10.4.1　程序设计关键

　　系统包括三段子程序,分别是销售子模块、采购子模块和仿真过程控制子模块。在销售子模块中,主要模拟药品销售和出库过程。用 GENERATE 表示每个月订单需求的到达,以订单为流动实体,在程序的结束用 TREMINATE 语句表示销售的完成。中间一系列的 GPSS 语句用来模拟销售过程及对库存减少和销售数据的记录。

　　采购子模块主要是模拟药品采购及入库过程。在仿真开始时用 GENERATE 语句产生一个流动实体,表示采购管理人员时刻监控库存量。用检测语句 TEST 检查库存量是否低于采购点。如果库存量低于采购点,下达采购订单,并进行记录。经过采购提前期后,接收货物,增加库存量,并用 TRANSFER 语句转移到检测库存量的检测语句。采购子系统与销售子系统的动态关系通过库存量的变化来体现,即销售出库减少库存,采购入库增加库存。

　　仿真控制子程序以 GENERATE 12 开头,即在 12 个月时产生一个流动实体,然后计算一年内的销售收入、采购成本、采购费用、库存成本等,并计算总利润。计算完成后,仿真结束。

其中，销售需求函数定义如下：

```
DEMAND FUNCTION RN1,D8
0,20000/0.021,28515/0.146,85942/0.312,158529/0.479,194463/0.646,
260404/0.813,295234/1,413168
```

10.4.2　GPSS 程序

```
*************************************
*药品库存采购系统仿真 DRUG_INVENTORY.GPS
*************************************
INITIAL X$SELLPRICE,10;药品售价
INITIAL X$EOQ,100000;订货量
INITIAL X$STOCK,200000;初始库存
INITIAL X$POINT,200000;订货点
INITIAL X$BUYPRICE,8;药品进货价
DEMAND FUNCTION RN1,D8;药品市场需求函数
0,20000/0.021,28515/0.146,85942/0.312,158529/0.479,194463/0.646,
260404/0.813,295234/1,413168
ORDER MATRIX,45,4;定义矩阵,存储采购信息
SALES MATRIX,12,5;定义矩阵,存储采购信息
PROFIT VARIABLE X$SELLPRICE#X$TOTALSOLD-0.0167#X$TOTALSTOCK-X$BUYPRICE#
X$ORDERTIMES#X$EOQ-1000#X$ORDERTIMES;计算利润
*************************************
*订货子模块
*************************************
GENERATE  ,,,1
CYCLE   TEST L X$STOCK,X$POINT;检测库存量是否少于订货点
SAVEVALUE ORDERTIMES+,1;记录订货次数
MSAVEVALUE ORDER,X$ORDERTIMES,1,X$ORDERTIMES;在矩阵中记录订货次数
MSAVEVALUE ORDER,X$ORDERTIMES,2,C1;在矩阵中记录订货时间
MSAVEVALUE ORDER,X$ORDERTIMES,3,X$STOCK;在矩阵中记录订货前的库存量
MSAVEVALUE ORDER,X$ORDERTIMES,4,X$EOQ;在矩阵中记录订货量
ADVANCE 0.23;订货提前期为7天,即0.23月
SAVEVALUE STOCK+,X$EOQ;增加库存
TRANSFER  ,CYCLE
*************************************
*销售子模块
*************************************
```

```
GENERATE 1;每月产生一个销售订单
SAVEVALUE TOTALSTOCK+,X$STOCK
SAVEVALUE MONTH+,1;记录月份
ASSIGN DEMAND,FN$DEMAND;确定销售需求
SAVEVALUE TOTALDEMAND+,P$DEMAND;需求量累加
MSAVEVALUE SALES,X$MONTH,1,X$MONTH;在矩阵中记录月份
MSAVEVALUE SALES,X$MONTH,2,P$DEMAND;记录市场需求
MSAVEVALUE SALES,X$MONTH,3,X$STOCK;记录库存量
TEST GE X$STOCK,P$DEMAND,LA;当库存足够的时候才可以完成订单,否则记录缺货
SAVEVALUE STOCK-,P$DEMAND;库存减少
SAVEVALUE TOTALSOLD+,P$DEMAND;累加销售量
MSAVEVALUE SALES,X$MONTH,4,P$DEMAND;记录实际销量
TRANSFER ,LB
LA MSAVEVALUE SALES,X$MONTH,5,P$DEMAND;记录缺货量
SAVEVALUE TOTALSHORTAGE+,P$DEMAND;缺货量累加
LB TERMINATE
*********************************
*仿真控制子模块
*********************************
GENERATE 13
SAVEVALUE PROFIT,V$PROFIT
TERMINATE 1
START 1
```

10.5　仿真结果与优化

　　该药品月度市场需求均值为 218 333 盒，标准偏差为 104 129。因此，设置 10 种库存采购控制方案，并进行 GPSS 模拟运行一年，得到如表 10.3 所示的结果。为了更加直观地看出不同方案的优劣，画出 10 种方案的总利润与订货点、订货量的三维散点图（图 10.5）。

表 10.3　10 种库存采购方案的模拟结果

方案	订货点/盒	订货量/盒	总利润/元	总需求/盒	总销售/盒	缺货总量/盒	平均库存/盒	采购次数/次
1	200 000	100 000	2 496 251	2 757 289	1 375 315	1 381 973	214 063	14
2	300 000	150 000	2 951 148	2 757 289	2 344 121	413 168	364 580	17
3	250 000	150 000	2 431 783	2 757 289	1 930 953	826 336	318 095	14
4	250 000	200 000	3 227 433	2 757 289	1 930 953	826 336	359 762	10
5	200 000	200 000	2 496 571	2 757 289	1 375 315	1 381 974	247 396	7

续表

方案	订货点/盒	订货量/盒	总利润/元	总需求/盒	总销售/盒	缺货总量/盒	平均库存/盒	采购次数/次
6	250 000	250 000	3 221 918	2 757 289	1 930 953	826 336	397 262	8
7	250 000	300 000	1 216 743	2 757 289	1 930 953	826 336	418 095	9
8	**400 000**	**200 000**	**3 461 932**	**2 757 289**	**2 757 289**	**0**	**478 830**	**15**
9	350 000	200 000	1 613 073	2 757 289	1 930 953	826 336	426 428	11
10	400 000	100 000	3 455 282	2 757 289	2 757 289	0	437 163	30

注：加黑方案（方案 8）表示最优方案

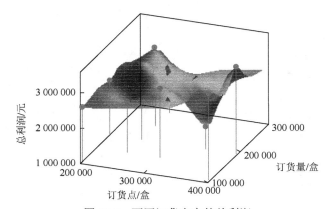

图 10.5　不同订货方案的总利润

在 10 个采购方案中，最优方案为方案 8，即订货点为 40 万盒，订货量为 20 万盒，此时不存在缺货，但平均库存量也是所有方案中最高的。因此，尝试降低订货点为 35 万盒，订货量仍为 20 万盒，即方案 9，结果发生缺货，造成总利润下降。为降低库存，在方案 8 的基础上保持订货点不变，订货量减少为 10 万盒，即方案 10，结果没有发生缺货，库存量有所降低，但订货次数增加造成总利润减少。方案 1~方案 8，均存在较多的缺货，导致总利润降低。

总之，通过模拟分析，找到最优库存采购方案，即订货点为 40 万盒，订货量为 20 万盒，总利润为 3 461 932 元。最佳方案 8 比最低方案 7 的总利润多出 2 245 189 元，最优方案利润是最低方案利润的 2.85 倍。

10.6　结　　论

本项目根据 BB 公司 2011~2014 年药品销售的历史数据和库存采购成本，构建药品库存采购模拟模型，并编写 GPSS 程序，通过模拟仿真分析，比较了 10 种不同的库存方案，找到最佳库存采购策略，给出最佳库存订货点为 40 万盒，库存订货量为 20 万盒，实现了利润最大化目标。最佳采购方案实现总利润为 3 461 932 元，是最低方案的 2.85 倍，这说明不同的库存采购策略对利润的影响效果巨大，库存采购策略的优化研究具有十分重要的现实意义。

第11章 医院服务系统模拟 与人员配置优化

针对患者就医难的现象，收集天津市一家三甲医院的挂号和就诊数据，构建医院系统服务模型，设计 GPSS 程序，并进行仿真分析，发现医院各科室的人员配置不合理，有些部门患者排队时间过长、负荷率过高，有些部门人员空闲、资源利用率偏低。对医院人员配置方案进行优化，并从资源负荷率和排队时间两个角度与原方案进行比较，提高医院资源的利用率，减少患者的就医等待时间。

11.1 问 题 描 述

就医难已经成为影响民生的一个重要问题。就医难主要表现在热门医疗资源紧缺、患者等待时间过长甚至挂不上号。但是，有些时间段内医疗资源空闲的现象时有发生。

天津市某三甲医院共设 35 个科室，在编在岗职工 3086 人，平均每个科室设医生 2～5 人。一楼共 10 个挂号交费窗口、3 个 CT 检查室、1 个 X 光检查室、7 个抽血化验窗口、15 个取药窗口。

患者到达后，首先去一楼挂号交费处挂号，若有空闲窗口则直接选择空闲窗口，否则选择人最少的队进行排队。挂号之后则到相应的科室看病，科室内的医生一般是2～5 人，所有患者按挂号顺序依次看病。看完病之后患者的去向主要分为两种：第一，交费并去相应检查的地方进行检查；第二，交费并直接取药。进行缴费后患者需凭借缴费单据取药或者到相应科室进行检查，取药的患者在取完药后会离开医院；需进行检查的患者会进入相应检查科室等待接受身体检查，然后回到原先科室进行诊断。系统流程如图 11.1 所示。

在上述各环节中，往往发生患者数量不均衡问题。例如，上午 9：00～10：00 挂号窗口前往往排着很长的队伍，11：00 之后挂号患者大幅度减少。患者对医生的门诊及设备检查需求也出现很大的波动。因此，造成高峰期患者等待时间过长且医生诊断压力过大的问题。相反，在非高峰期存在医生和医疗设备的空闲问题，造成医疗资源的浪费。

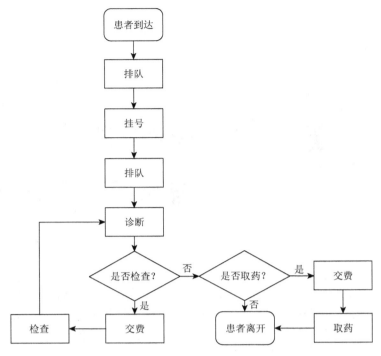

图 11.1　患者就医流程

　　本章研究的目标是通过实地的调查、收集数据和仿真分析，了解患者的到达是否存在时间规律、不同科室的医疗资源负荷是否存在差异，以及在紧缺医疗资源使用过程中是否存在利用不合理的问题。针对发现的问题，在不同的时间段内合理设置挂号、诊断、检查、交费等环节的资源，提高患者就医效率，减少等待时间，并提高医院的资源利用率。

11.2　数据收集与处理

11.2.1　数据收集

　　为了对医院系统进行模拟分析，需要收集患者到达时间、挂号交费时间、就医诊断时间、检查时间、取药时间，以及上述环节的窗口数量、医生数量等数据。医院共有临床科室 25 个，根据去往各个科室的患者量，选择排名前 6 位的科室——心脏内科、消化内科、内分泌科、呼吸内科、普通外科、中医科进行了数据的收集测量。对于检查项目，收集了三类数据，即 CT 检查、X 光检查和抽血检查。分别在周日和周三进行数据收集，比较周末和工作日之间可能存在的差异。

　　收集地点：天津某三甲医院。

　　收集时间：2015 年 11 月 4 日星期三 8：30～12：00、14：00～16：00；2015 年 11 月 7 日星期六 8：30～12：00、14：00～16：00。

收集数据：①患者到达挂号交费数据，如到达时间、挂号交费时间、挂号科室。②6类科室的患者到达及诊断时间。③3类检查患者到达及检查时间。

11.2.2　数据处理

以挂号顾客到达时间的处理为例，说明数据处理过程。

首先，将患者到达时间转换为到达时间间隔。到达时间间隔指下一位患者到达时间与上一位患者到达时间的间隔。根据各环节服务的开始及结束时间，计算出服务时间。时间单位为秒。

其次，分析时间分布规律。划分时间段，统计各时间段的分布频次，计算出时间分布累计概率。以各时间段的中间值为时间点，得到时间及累计分布概率表。

再次，根据时间及分布概率，画出时间概率分布曲线，对曲线进行函数拟合。

最后，根据拟合的函数，定义时间规律函数。

11.3　系统假设与模型构建

11.3.1　系统假设

根据医院的现实运作情况和模拟分析的目标做出如下假设。

假设1：患者到达后，全部需要排队挂号。

假设2：患者的优先级相同，采用先到先服务的原则。

假设3：忽略患者在寻找科室等其他与看病主要流程无关的活动时间。

假设4：忽略检查机器故障停止运作等客观原因导致患者排队时间增加的情况。

假设5：患者复诊阶段也一律当成就诊看待，没有强占优先权。

11.3.2　系统模型

根据数据分析结果与系统假设，对系统处理流程进行进一步细化，得到系统模型图（图11.2）。

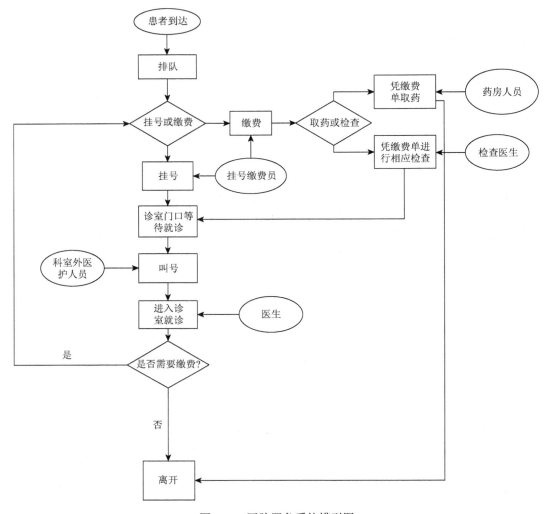

图 11.2　医院服务系统模型图

11.4　GPSS 程序设计

11.4.1　程序设计关键

在主体程序中，以患者为流动实体，将挂号流程用函数来表示，在程序的开始以 GENERATE 语句按照函数关系表示患者的到达，在程序的结束以 TERMINATE 语句表示患者的离开。中间的 GPSS 语句按照患者在医院的整个看病流程顺序撰写。

用另外一个 GENERATE 语句产生流动实体，用于仿真时间的控制。满足仿真停止条件时，用 TERMINATE 1 语句消除流动实体，与 START 1 语句共同作用使仿真结束。

医院服务系统仿真关键在于通过对采集的大量数据的统计分析，得到分析患者在挂号、诊断、取药、检查、缴费等不同流程的排队时间和服务时间的规律。

由于收集了挂号交费处、6 种诊室和 3 种检查的数据，忽略了其他人少的科室。所以，挂号后按一定的比例转到 6 种科室诊断，其他科室的患者不进行仿真，离开系统。另外，由于 3 项检查不仅面向这 6 种科室的患者，所以检查设备的利用率低于实际情况。

为保证检查后的患者回到以前就医的科室及不再进行重复检查，当患者诊断后用不同的参数值标记已经做过诊断的类型，然后再去交费检查。当一个患者离开检查科室时，根据该参数值判断应该回到哪个诊室。当患者做完诊断后再用该参数值判断是否需要去做检查。需要注意的是，在患者诊断结束后，判断是否需要检查的判断语句要放在参数赋值标记科室类型语句的前面。

1. 永久实体设计

来医院的患者为流动实体，不需进行定义。永久实体包括各类医院服务资源、函数。在永久实体中，设备不需要用定义语句进行定义。函数、存储器、变量需要进行定义。系统中的永久实体设计见表 11.1。

表 11.1　医院服务系统永久实体

类型	名称	含义	是否需要定义
函数	ARRTIME1	患者到达时间间隔	是
	CXSERVICE	患者抽血服务时间	是
	GHSERVICE	患者挂号服务时间	是
	XGSERVICE	患者 X 光检查服务时间	是
	CTSERVICE	患者 CT 检查服务时间	是
	XHSERVICE	消化内科服务时间	是
	HXSERVICE	呼吸内科服务时间	是
	ZYSERVICE	中医内科服务时间	是
	PWSERVICE	普通外科服务时间	是
	XZSERVICE	心脏科服务时间	是
	NFMSERVICE	内分泌服务时间	是
	QYSERVICE	取药的服务时间	是
设备	XGFACILITY	X 光设备	否
存储器	CTSTORAGE	CT 可用数量	是
	CXSTORAGE	抽血的窗口数量	是
	XHSTORAGE	消化内科医生数量	是
	HXSTORAGE	呼吸内科医生数量	是
	ZYSTORAGE	中医内科医生数量	是
	PWSTORAGE	普通外科医生数量	是
	XZSTORAGE	心脏科医生数量	是
	NFMSTORAGE	内分泌科医生数量	是
	GUAHAO	挂号窗口数量	是
	QYSTORAGE	取药窗口数量	是

对于整个医院服务系统而言，关键在于前期对调研数据的分析，进而可得出 15 个函数。同时按照医院的实际情况对 10 个存储器的存储数量进行容量确定，如表 11.2 所示。

表 11.2　医院各环节窗口与医生数量

服务资源	挂号	取药	内分泌科	消化内科	呼吸内科	中医内科	普通外科	心脏科	抽血	CT
医生数量/人	8	5	3	3	3	5	2	3	5	3

2. 函数设计

函数定义主要涉及患者到达时间间隔和各个环节的服务时间规律。根据收集到的数据和分布规律分析，定义各种时间函数，如表 11.3 所示。

表 11.3　医院系统函数定义

函数/存储器	含义	定义语句
ARRTIME1	患者到达时间间隔	ARRTIME1 FUNCTION RN1,C5 0,0/0.3,5/0.6,10/0.8,35/1,50
CXSERVICE	患者抽血服务时间	CXSERVICE FUNCTION RN1,C4 0,0/0.3,360/0.59,589/1,780
GHSERVICE	患者挂号服务时间	GHSERVICE FUNCTION RN1,C5 0,0/0.2,1/0.5,46.833/0.8,96.83/1,130.2
XGSERVICE	患者 X 光检查服务时间	XGSERVICE FUNCTION RN1,C4 0,0/0.25,78/0.86,120/1,168
CTSERVICE	患者 CT 检查服务时间	CTSERVICE FUNCTION RN1,C3 0,0/0.5,107/1,186
XHSERVICE	消化内科服务时间	XHSERVICE FUNCTION RN1,C5 0,0/0.17,43/0.41,120/0.69,200/1,320
HXSERVICE	呼吸内科服务时间	HXSERVICE FUNCTION RN1,C3 0,0/0.53,453/1,754
ZYSERVICE	中医内科服务时间	ZYSERVICE FUNCTION RN1,C4 0,0/0.42,134/0.67,258/1,378
PWSERVICE	普通外科服务时间	PWSERVICE FUNCTION RN1,C4 0,0/0.25,145/0.87,197/1,245
XZSERVICE	心脏科服务时间	XZSERVICE FUNCTION RN1,C5 0,0/0.09,47/0.44,138/0.66,190/1,311
NFMSERVICE	内分泌科服务时间	NFMSERVICE FUNCTION RN1,C5 0,0/0.13,100/0.41,170/0.75,230/1,310
QYSERVICE	取药的服务时间	QYSERVICE FUNCTION RN1,C3 0,0/0.78,65/1,107

11.4.2　GPSS 程序

```
************************************
*医院服务系统仿真 HOSPITAL.GPS
************************************
```

*定义存储器、时间函数

＊＊＊＊＊＊＊＊＊＊＊＊＊＊＊＊＊＊＊＊＊＊＊＊＊＊＊＊＊＊＊＊＊

```
XHSTORAGE  STORAGE  3;消化内科
HXSTORAGE  STORAGE  3;呼吸内科
ZYSTORAGE  STORAGE  5;中医内科
PWSTORAGE  STORAGE  2;普通外科
XZSTORAGE  STORAGE  3;心脏科
NFMSTORAGE STORAGE  3;内分泌科
CTSTORAGE  STORAGE  3;CT
CXSTORAGE  STORAGE  5;抽血窗口
QYSTORAGE  STORAGE  5;取药窗口
GUAHAO STORAGE  8;挂号窗口
ARRTIME1 FUNCTION RN1,C5;患者到达时间间隔
0,0/0.3,5/0.6,10/0.8,35/1,50
GHSERVICE FUNCTION RN1,C5;患者挂号服务时间
0,0/0.2,1/0.5,46.833/0.8,96.83/1,130.2
CXSERVICE FUNCTION RN1,C4;患者抽血服务时间
0,0/0.3,360/0.59,589/1,780
CTSERVICE FUNCTION RN1,C3;患者 CT 检查服务时间
0,0/0.5,107/1,186
XGSERVICE FUNCTION RN1,C4;患者 X 光检查服务时间
0,0/0.25,78/0.86,120/1,168
XHSERVICE FUNCTION RN1,C5;消化内科服务时间
0,0/0.17,43/0.41,120/0.69,200/1,320
HXSERVICE FUNCTION RN1,C3;呼吸内科服务时间
0,0/0.53,453/1,754
ZYSERVICE FUNCTION RN1,C4;中医内科服务时间
0,0/0.42,134/0.67,258/1,378
PWSERVICE FUNCTION RN1,C4;普通外科服务时间
0,0/0.25,145/0.87,197/1,245
XZSERVICE FUNCTION RN1,C5;心脏科服务时间
0,0/0.09,47/0.44,138/0.66,190/1,311
NFMSERVICE FUNCTION RN1,C5;内分泌科服务时间
0,0/0.13,100/0.41,170/0.75,230/1,310
QYSERVICE FUNCTION RN1,C3;取药的服务时间
0,0/0.78,65/1,107
SUMMARY TABLE M1,0,600,10;患者在系统中经过的总时间记录表
```

＊＊＊＊＊＊＊＊＊＊＊＊＊＊＊＊＊＊＊＊＊＊＊＊＊＊＊＊＊＊＊＊＊

```
*患者进入医院挂号
* * * * * * * * * * * * * * * * * * * * * * * * * * * * * * *
GENERATE  FN$ARRTIME1;按到达时间规律患者到达
ASSIGN 5,0;预设所有患者尚未进行过检查
QUEUE GUAHAO
ENTER GUAHAO
DEPART GUAHAO
ADVANCE FN$GHSERVICE
LEAVE GUAHAO
TRANSFER 0.8,LIKAI,KESHI;挂 6 个科室的人占总人数的 80%
* * * * * * * * * * * * * * * * * * * * * * * * * * * * * * *
*进入科室就诊
* * * * * * * * * * * * * * * * * * * * * * * * * * * * * * *
KESHI   TRANSFER 0.3,LA,XINZ;选择心脏科的人占 6 个科室人数的 30%
* * * * * * * * * * * * * * * * * * * * * * * * * * * * * * *
*心脏科
* * * * * * * * * * * * * * * * * * * * * * * * * * * * * * *
XINZ   QUEUE XINZANG
ENTER XZSTORAGE
DEPART XINZANG
ADVANCE FN$XZSERVICE
LEAVE XZSTORAGE
QUEUE GUAHAO;诊断结束后去交费
ENTER GUAHAO
DEPART GUAHAO
ADVANCE  FN$GHSERVICE
LEAVE GUAHAO
TEST E P5,0,QUYAO;对于已检查过的病人不再检查,直接取药
ASSIGN 5,1;用 5 号参数记录为心脏诊室病人 P5=1
TRANSFER 0.97,QUYAO,JIANC1;97%是进行检查的,只有 3%取药
* * * * * * * * * * * * * * * * * * * * * * * * * * * * * * *
JIANC1   TRANSFER 0.4,,CHOUX;心脏科抽血的占 40%,其他检查不在本项目研究范
围之内
ADVANCE 600;假设其他检查时间为 10 分钟
TRANSFER ,XINZ;
* * * * * * * * * * * * * * * * * * * * * * * * * * * * * * *
*消化内科
* * * * * * * * * * * * * * * * * * * * * * * * * * * * * * *
```

```
LA TRANSFER 0.2857,LB,XIAOH;在除了去心脏科之外的患者中28.57%看消化内科
XIAOH  QUEUE XIAOHUA
ENTER XHSTORAGE
DEPART XIAOHUA
ADVANCE FN$XHSERVICE
LEAVE XHSTORAGE
QUEUE GUAHAO;诊断结束后去交费
ENTER GUAHAO
DEPART GUAHAO
ADVANCE   FN$GHSERVICE
LEAVE GUAHAO
TEST E P5,0,QUYAO;对于已检查过的患者不再检查,直接取药
ASSIGN 5,2;消化内科患者P5=2
TRANSFER 0.93,QUYAO,JIANC2;93%是进行检查的,只有7%取药
JIANC2 TRANSFER 0.7,,CHOUX;抽血的占70%
ADVANCE 600;假设其他检查时间为10分钟
TRANSFER  ,XIAOH;
*********************************
*内分泌科
*********************************
LB  TRANSFER 0.4,LC,NFMI;除了心脏、消化之外,看内分泌的患者占40%
NFMI  QUEUE NEIFENMI
ENTER NFMSTORAGE
DEPART NEIFENMI
ADVANCE FN$XHSERVICE
LEAVE NFMSTORAGE
QUEUE GUAHAO;诊断结束后去交费
ENTER GUAHAO
DEPART GUAHAO
ADVANCE   FN$GHSERVICE
LEAVE GUAHAO
TEST E P5,0,QUYAO;对于已检查过的患者不再检查,直接取药
ASSIGN 5,3;内分泌科病人P5=3
TRANSFER 0.94,QUYAO,CHOUX;看内分泌科的检查比较单一,认为94%全部进行抽血
检查,剩下的6%直接取药
*********************************
*呼吸内科
*********************************
```

```
LC TRANSFER 0.33,LD,HUXI;除了以上科室之外,呼吸内科患者占1/3
HUXI   QUEUE HUXI1
ENTER HXSTORAGE
DEPART HUXI1
ADVANCE FN$HXSERVICE
LEAVE HXSTORAGE
QUEUE GUAHAO;诊断结束后去交费
ENTER GUAHAO
DEPART GUAHAO
ADVANCE  FN$GHSERVICE
LEAVE GUAHAO
ASSIGN 5,4;呼吸内科患者 P5=4
TEST E P5,0,QUYAO;对于已检查过的患者不再检查,直接取药
TRANSFER 0.92,QUYAO,JIANC3;92%检查,其余的取药
JIANC3 TRANSFER 0.91,CT_1,CHOUX;91%的人抽血,剩下的做 CT 检查
**********************************
*普通外科
**********************************
LD TRANSFER 0.5,ZHYI,PUWAI;除以上科室外,普通外科患者占 50%,其他为中医内科
PUWAI   QUEUE PUWAI1
ENTER PWSTORAGE
DEPART PUWAI1
ADVANCE FN$PWSERVICE
LEAVE PWSTORAGE
QUEUE GUAHAO;诊断结束后去交费
ENTER GUAHAO
DEPART GUAHAO
ADVANCE  FN$GHSERVICE
LEAVE GUAHAO
TEST E P5,0,QUYAO;对于已检查过的患者不再检查,直接取药
ASSIGN 5,5;普通外科患者 P5=5
TRANSFER 0.95,QUYAO,JIANC4;95%检查,其余的取药
JIANC4 TRANSFER 0.75,CT_1,XG;95%检查的人中,有 75%拍 X 光片,25%做 CT 检查
**********************************
*中医内科
**********************************
ZHYI QUEUE ZHYI1
ENTER ZYSTORAGE
```

```
DEPART ZHYI1
ADVANCE FN$ZYSERVICE
LEAVE ZYSTORAGE
QUEUE GUAHAO;诊断结束后去交费
ENTER GUAHAO
DEPART GUAHAO
ADVANCE  FN$GHSERVICE
LEAVE GUAHAO
TRANSFER 0.97,LIKAI,QUYAO;97%的人直接取药,剩下的人直接离开系统
*******************************
*抽血化验
*******************************
CHOUX  QUEUE CX
ENTER CXSTORAGE
DEPART CX
ADVANCE FN$CXSERVICE
LEAVE CXSTORAGE
TRANSFER  ,FHKS1
*******************************
*X光拍片
*******************************
XG QUEUE XGP
SEIZE XGP
DEPART XGP
ADVANCE FN$XGSERVICE
RELEASE XGP
TRANSFER  ,FHKS1
*******************************
*CT检查
*******************************
CT_1  QUEUE CTJC
ENTER CTSTORAGE
DEPART CTJC
ADVANCE FN$CTSERVICE
LEAVE CTSTORAGE
TRANSFER  ,FHKS1
*******************************
*各项检查结束后返回原来就医的诊室
```

```
* * * * * * * * * * * * * * * * * * * * * * * * * * * *
FHKS1 TEST E P5,1,FHKS2
TRANSFER ,XINZ
FHKS2 TEST E P5,2,FHKS3
TRANSFER ,XIAOH
FHKS3 TEST E P5,3,FHKS4
TRANSFER ,NFMI
FHKS4 TEST E P5,4,FHKS5
TRANSFER ,HUXI
FHKS5 TEST E P5,5,LIKAI
TRANSFER ,PUWAI
* * * * * * * * * * * * * * * * * * * * * * * * * * * *
*取药离开
* * * * * * * * * * * * * * * * * * * * * * * * * * * *
QUYAO  QUEUE QYAO
ENTER QYSTORAGE
DEPART QYAO
ADVANCE FN$QYSERVICE
LEAVE QYSTORAGE
TABULATE SUMMARY
LIKAI  TERMINATE;患者离开医院
* * * * * * * * * * * * * * * * * * * * * * * * * * * *
*控制仿真时间
* * * * * * * * * * * * * * * * * * * * * * * * * * * *
GENERATE 10800;仿真 3 小时的运行情况
TERMINATE 1
START 1
```

11.5 仿真结果与优化

11.5.1 仿真结果及分析

    对医院系统工作的运行仿真 3 小时，得到仿真结果如表 11.4 所示。可以看出，不同科室的医生负荷和患者等待时间存在很大的差异。对于心脏科的医生，负荷达到 96.4%，患者平均排队时间 991 秒，排队队长平均 22.9 人。在只考虑 6 个主要科室患者的情况下，抽血窗口负荷高达 96%，抽血排队平均 2466 秒，队长平均 45.4 人。显然，心脏科和抽血窗口服务能力不足，患者等待时间过长。

表 11.4　医院系统仿真结果

FACILITY	ENTRIES	UTIL.	AVE.TIME	AVAIL.	OWNER	PEND	INTER	RETRY	DELAY
XGP	31	0.290	100.935	1	0	0	0	0	0
QUEUE	MAX	CONT.	ENTRY	ENTRY（0）	AVE.CONT.	AVE.TIME	AVE.（−0）	RETRY	
GUAHAO	14	2	1309	769	1.237	10.206	24.740	0	
ZHYI1	1	0	38	38	0.000	0.000	0.000	0	
PUWAI1	6	0	100	37	1.225	132.248	209.918	0	
XINZANG	44	38	250	8	22.941	991.059	1023.821	0	
HUXI1	2	0	43	34	0.104	26.158	124.979	0	
XIAOHUA	6	1	151	72	0.852	60.967	116.532	0	
CX	92	91	199	5	45.438	2466.002	2529.558	0	
QYAO	2	0	326	323	0.007	0.233	25.303	0	
NEIFENMI	6	0	144	91	0.541	40.585	110.267	0	
XGP	2	0	31	18	0.083	29.034	69.235	0	
CTJC	1	0	17	17	0.000	0.000	0.000	0	
STORAGE	CAP.	REM.	MIN.	MAX.	ENTRIES	AVL.	AVE.C.	UTIL.	RETRY	DELAY
XHSTORAGE	3	0	0	3	150	1	2.085	0.695	0	1
HXSTORAGE	3	1	0	3	43	1	1.538	0.513	0	0
ZYSTORAGE	5	5	0	3	38	1	0.647	0.129	0	0
PWSTORAGE	2	2	0	2	100	1	1.406	0.703	0	0
XZSTORAGE	3	0	0	3	212	1	2.892	0.964	0	38
NFMSTORAGE	3	2	0	3	144	1	2.037	0.679	0	0
CTSTORAGE	3	2	0	2	17	1	0.150	0.050	0	0
CXSTORAGE	5	0	0	5	108	1	4.799	0.960	0	91
QYSTORAGE	5	2	0	5	326	1	1.366	0.273	0	0
GUAHAO	8	0	0	8	1307	1	6.232	0.779	0	2

另外，有些科室医生空闲现象严重。其中，中医内科的负荷率只有 12.9%，呼吸内科负荷率为 51.3%。X 光检查、取药和 CT 检查的负荷率也很低，均低于 30%。其中，CT 利用率仅为 5%。但是，由于 X 光检查、取药和 CT 检查是面向所有患者的医疗服务，本项目只模拟了占 75% 的 6 个科室的患者，实际设备利用率要稍微高出一些，但增加一倍的可能性不大，所以也应减少相应的服务能力。另外，消化内科、普通外科和内分泌科的医生负荷比较合理，均在 70% 左右的水平，应保持现状。

总之，心脏科和抽血窗口负荷过大，应增加能力。中医内科、呼吸内科、X 光检查、取药和 CT 检查的负荷偏低，应减少能力。挂号、消化内科、普通外科和内分泌科在合理水平，保持不变。

11.5.2　优化方案及对比

根据仿真结果，增加高负荷环节的服务能力，减少低负荷环节的服务能力，给出如表 11.5 所示的优化资源配置方案。

表 11.5　医院各环节窗口与医生数量优化配置　　　　　单位：人

服务资源	挂号	取药	内分泌科	消化内科	呼吸内科	中医内科	普通外科	心脏科	抽血	CT
原数量	8	5	3	3	3	5	2	3	5	3
调整数量	8	3	3	3	2	2	2	4	10	1

　　优化方案与原方案的仿真结果对比见表 11.6 和表 11.7。可以看出，取药、呼吸内科、中医内科的负荷率提升到一个合理的水平，心脏科和抽血窗口的负荷率有一定的降低，排队队长显著缩短，平均排队时间均小于 10 分钟。总之，通过优化各科室和检查部门的能力配置，解决了各部门能力的过剩或负荷过高的问题，提高了资源利用率，减少了患者排队等待的时间。

表 11.6　医院系统仿真方案比较——负荷率

服务资源	挂号	取药	内分泌科	消化内科	呼吸内科	中医内科	普通外科	心脏科	抽血	CT
原方案	0.779	0.273	0.679	0.695	0.513	0.129	0.703	0.964	0.960	0.05
优化方案	0.779	0.509	0.679	0.695	0.832	0.545	0.703	0.950	0.809	0.142

表 11.7　医院系统仿真方案比较——平均排队时间　　　　　单位：秒

服务资源	挂号	取药	内分泌科	消化内科	呼吸内科	中医内科	普通外科	心脏科	抽血	CT
原方案	10	0.2	110	61	26	0	132	991	2466	0
优化方案	10	4	60	151	509	48	132	464	99	12

11.6　结　　论

　　研究发现医院服务系统中存在诸多问题，如医院资源利用率低、排队时间长、医院科室人员配置不合理等。为了使医院的医疗资源得到充分利用，医院服务有更好改善，我们收集了天津市某三甲医院的患者到达及就医过程数据，并进行了分析和处理及系统的模拟仿真，提出了优化方案，解决系统能力负荷的不平衡问题。

　　通过模拟仿真发现，心脏科和抽血窗口负荷过大，应增加能力。中医内科、呼吸内科、X 光检查、取药和 CT 检查的负荷偏低，应减少能力。挂号、消化内科、普通外科和内分泌科在合理水平，保持不变。比较优化方案与原方案的资源利用率和排队时间，发现优化方案改善效果明显。总之，基于模拟方法，通过优化各科室和检查部门的能力配置，可以解决医院各部门能力的过剩或负荷过高的问题，提高资源利用率，减少患者排队等待的时间。

第*12*章 手机维修中心各工序
人员配置优化

针对国内某主要手机生产商的手机维修中心存在的不能够按期完成手机维修任务的问题，分析手机维修中心的业务流程，收集故障手机的送达规律及各工序需要的时间等数据，构建手机维修模型，进行 GPSS 程序设计并进行模拟分析。通过对现有手机维修中心的仿真分析发现，平均每天只能维修 261.5 部手机，远远不能满足每天 1000 台手机的维修目标。

根据目标维修任务及各岗位人员的工作负荷等信息，进行多次的方案改进和模拟评价，找到最优人员配置方案。最优方案的人员工作负荷（利用率）处在 0.597~0.978，20天内完成 19 920 部手机维修，既基本完成了手机维修任务，又充分利用了人力资源，实现了投入与产出的平衡。

12.1 问 题 描 述

本项目研究对象是中国一家主要的手机生产商，年产销手机 5000 万部以上。公司手机维修分别由遍布全国的维修网点和一个面向全国的维修中心完成。其中，维修中心负责维修在保质期内发生故障的、在维修网点无法修好的四种类型的手机。

手机维修的过程比较复杂，主要包括领取手机、拆包检验、软件升级、主机故障判定、主板维修、主板 QC 检验、其他坏件更换、主机装配、主机 QC 检验、软件升级、主机 OQC 抽检、主机归还。手机维修工序及需要的人员岗位类型如表 12.1 所示。对于手机维修过程中的 11 个工序，共有 8 个岗位的人员来完成，即物料员、故障确认员、软件升级员、翻新员、维修员、主板 QC 检验员、主机 QC 检验员和主机 OQC 检验员。

表 12.1　手机维修工序及人员

序号	工序名称	岗位名称
1	领取手机	物料员
2	拆包检验	故障确认员
3	软件升级	软件升级员
4	主机故障判定	翻新员
5	主板维修	维修员
6	主板 QC 检验	主板 QC 检验员
7	坏件更换	翻新员
8	主机装配	翻新员
9	主机 QC 检验	主机 QC 检验员
10	主机 OQC 检验	主机 OQC 检验员
11	主机归还	物料员

手机维修的流程如图 12.1 所示。首先，对待维修手机进行拆包检验，进行手机外观的检查，看是否存在显示屏和外壳的损坏。其次，进行软件升级，看升级后故障是否消除。如果故障仍然存在，进行手机故障的判定，判断是主板问题还是其他零件的问题。如果是主板问题，判断主板状态，进行主板维修或更换主板。如果其他零件有问题，更换其他零件。再次，进行手机装配和主机 QC 检验。硬件故障解决后，再次进行软件升级，保证软件的版本质量。最后，进行主机 OQC 抽检。

手机维修中心需要对四种机型的手机进行维修，简称为 A、B、C、D。其中机型 A 占总量的 15%，机型 B 和 C 各占 20%，机型 D 占 45%。各种机型的故障类型发生的百分比不同。

目前，该手机维修中心每天大约能够维修 250 台手机。但是，每天需要维修的手机数量大概为 1000 台。因此，本项目的目标是分析该手机维修中心的 8 个岗位人员配置情况，给出各工序人员配置方案，并进行方案的模拟评价，实现各工序人力资源负荷的平衡和高效，提高手机维修效率，提高顾客满意度。

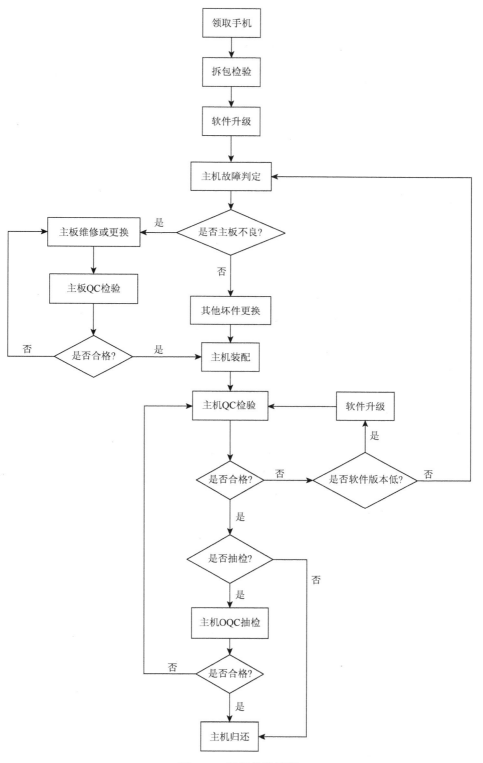

图 12.1 手机维修流程

12.2 数据收集与处理

手机维修的各工序所需时间、工人数量、手机故障类型及概率等全部数据由公司手机维修中心进行现场测量和处理，得出各工序的加工时间、人员配置、故障类型及概率等全部数据。表 12.2 为工序处理时间，表 12.3 为不同类型手机在维修过程中的不同转移概率，表 12.4 为当前的人员配置现状。

表 12.2 手机维修各工序处理时间

序号	工序名称	需要时间/分钟	备注
1	领取手机	75	每批 1000 台
2	拆包检验	3±1	每台
3	软件升级	15±1	每次升级 10 台
4	主机故障判定	10±3	每台
5	主板维修	37±3	每台
6	主板 QC 检验	10±5	每台
7	坏件更换	5±1	每台
8	主机装配	15±5	每台
9	主机 QC 检验	9±2	每台
10	主机 OQC 检验	8±2	每台
11	主机打单归还	5	每次归还 10 台

表 12.3 四种类型手机在维修过程中的转移概率 单位：%

手机类型	A	B	C	D
主板不良比例	80	40	35	50
主板检验合格率	75	75	75	75
主机检验合格率	60	65	80	80
主机软件版本低比例	2	6	20	10
主机抽检比例	30	30	30	30
主机抽检合格率	98	98	98	98

表 12.4 手机维修中心当前人员配置现状

序号	岗位名称	岗位代码	人数/人
1	物料员	WULIAO	3
2	故障确认员	GUZHANG	5
3	软件升级员	RUANJIAN	7
4	翻新员	FANXIN	30

续表

序号	岗位名称	岗位代码	人数/人
5	维修员	WEIXIU	20
6	主板 QC 检验员	ZHUBANQC	5
7	主机 QC 检验员	ZHUJIQC	10
8	主机 OQC 检验员	ZHUJIOQC	3

12.3 系统假设与模型构建

12.3.1 系统假设

根据该手机维修中心的现状和研究目标，进行如下假设。

假设 1：假设待修手机数量较大，不会产生缺少待修手机而造成的人员空闲。

假设 2：物料员每天提前领取待维修手机和需要的零部件，也可以在一天的任何时间内根据需要领取物料，不会因为缺少物料导致后续工作等待。

假设 3：所有待维修手机具有相同的优先权等级，按照先到先服务的顺序进行维修。

假设 4：手机维修各工序时间不会因为手机类型不同而不同，即所有类型手机相同工序所需时间相同。

假设 5：所有岗位人员工资相同，均按每人每天 150 元计算成本。

假设 6：忽略手机维修过程中发生的设备损坏、工人请假、备件短缺等所有意外状况。

12.3.2 系统模型

该手机维修中心需要维修的手机共有四种类型。不同类型手机的维修时间相同，但出现不同问题的概率不同。也就是说，在图 12.1 中的选择转移概率会由于手机类型不同而有所不同。因此，需要为四种类型的手机建立四种概率转移模型。针对每种手机类型，在图 12.1 中加入相应的转移概率，即得到各类型手机维修的系统模型。图 12.2 给出了 A 类手机的维修过程模型。

在系统模拟过程中，需要首先根据已知的比例进行手机类型的标记和分流。在后续的判断主板是否不良、检验是否合格及是否需要软件升级等环节，需要根据手机类型按不同的概率转移到相应工序。例如，对于 A 类手机，主板不良率为 80%，即 A 类手机的 80%需要进行主板维修。对于 B 类手机，主板不良率为 40%，即仅有 40%的 B 类手机需要进行主板维修。

系统优化的目标是找到每天维修 1000 台手机情况下的各工序人员配置方案，使其能够按计划完成手机的维修工作，并实现各工序工作负荷保持在合理的水平。为此，首先对现有人员配置方案进行模拟，分析现有系统的维修能力，并根据仿真报告中的人员利用率和待维修手机的排队等待情况进行人员调整，最终找到最优方案。

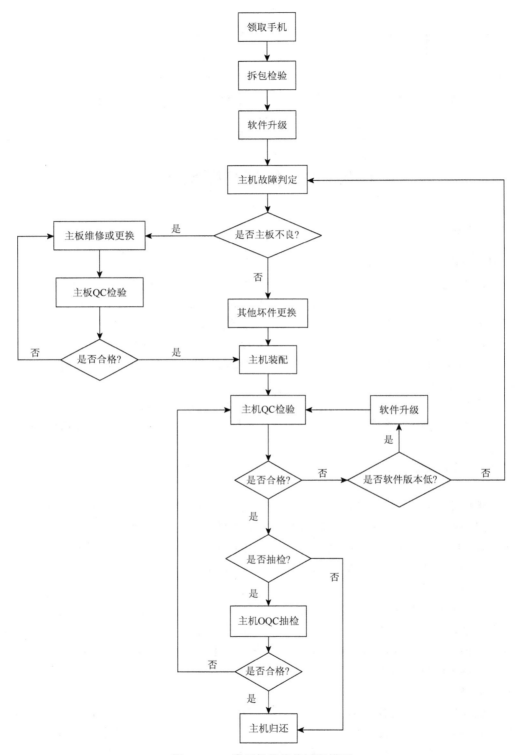

图 12.2　A 类手机的维修过程模型

12.4　GPSS 程序设计

12.4.1　程序设计关键

在 GPSS 模拟程序中，以手机为流动实体，以各工序手机维修人员为永久实体，将不同岗位的人员定义为存储器，按照手机维修的工序顺序书写 GPSS 语句。

首先，物料员成批领取待修手机，每次领取 1000 台，需要 75 分钟。因此，在流动实体成批到达的情况下，采用的方式是使用 GENERATE 语句在仿真开始的时候产生一个流动实体，然后分裂出 1000 个子体，用这 1000 个子体代表待维修的 1000 部手机。

其次，对于是否主板不良、检验是否合格、是否需要软件升级等分流环节，根据不同的机型，按照表 12.3 中的百分比确定不同的去向，并用 TRANSFER 语句实现不同的概率转移。由于不同机型转移概率不同，要按照待维修手机类型的比例，用参数 1 记录手机类型。当需要进行判断转移时，用检测语句 TEST 根据参数 1 的取值大小保证流动实体转移到相应的 TRANSFER 语句。

对于手机维修系统中的人员，用存储器表示。存储器的名称定为表 12.4 中的岗位代码，初始容量定义为表 12.4 中的人数。对现有系统进行模拟分析后，按照各工序人员的利用率和手机排队时间，调整人员数量，进行改进方案的设计。

最后，对于仿真时间的控制要考虑手机维修系统的特征。当一天的工作时间结束时，仍然会有处在不同工序的待修手机。第二天上班后，不同工序岗位的员工继续前一天的工作。这种手机维修的工作属于生产系统的一种，就像一件产品的生产过程需要多个工作日完成一样，手机的维修也可能跨越多个工作日。因此，对于该系统的仿真不能够进行一天，而应该连续模拟多个工作日。

为了使仿真系统更真实反映现实，仿真 22 个工作日（相当于一个月）的手机维修过程，并且为了消除初始状态后面几道工序在开始没有加工任务的影响，不统计前两天的数据。根据 20 天内的模拟统计结果，分析系统人员配置状况并进行优化。

12.4.2　GPSS 程序

```
*******************************************
**手机维修系统仿真 REPAIR.GPS
*******************************************
*******************************************
*定义存储器,指定各工序岗位人员数量
*******************************************
WULIAO STORAGE 3;物料员
GUZHANG STORAGE  5;故障确认员
```

```
RUANJIAN STORAGE 7;软件升级员
FANXIN STORAGE 30;翻新员
WEIXIU STORAGE 20;维修员
ZHUBANQC STORAGE 5;主板QC检查员
ZHUJIQC STORAGE 10;主机QC检查员
ZHUJIOQC STORAGE 3;主机OQC检查员


*******************************
*物料员领取手机
*******************************
GENERATE ,,,1;
STEP1 ENTER WULIAO
ADVANCE 75;75MIN/1000
LEAVE WULIAO
SPLIT 1000,STEP2;主机批量为1000台
ADVANCE 405 ;物料员每天领主机480-75=405台
TRANSFER ,STEP1
*******************************
*故障确认员拆包检验
*******************************
STEP2 QUEUE CHAIBAO
ENTER GUZHANG
DEPART CHAIBAO
ADVANCE 3,1
LEAVE GUZHANG
*******************************
*软件升级员对手机软件进行升级,每次升级10台
*******************************
STEP3 ASSEMBLE 10;每次升级10台
QUEUE RUANJIAN
ENTER RUANJIAN
DEPART RUANJIAN
ADVANCE 15,1
LEAVE RUANJIAN
SPLIT 9,TYPE
*******************************
*不同类型手机故障类型不同,要先确认手机类型,并存入参数1种
*各类型比例：A-15%,P1=1;B-20%,P1=2;C-20%,P1=3;D-45%,P1=4
```

```
* * * * * * * * * * * * * * * * * * * * * * * * * *
TYPE TRANSFER 0.6,,TYPEAD;A、D共占60%,B、C共占40%
TRANSFER 0.5,TYPEB,TYPEC;B、C各占50%
TYPEAD TRANSFER 0.75,TYPEA,TYPED;A、D中A占25%,D占75%
TYPEA ASSIGN 1,1;A型手机
TRANSFER ,STEP4
TYPEB ASSIGN 1,2;B型手机
TRANSFER ,STEP4
TYPEC ASSIGN 1,3;C型手机
TRANSFER ,STEP4
TYPED ASSIGN 1,4;D型手机
TRANSFER ,STEP4
* * * * * * * * * * * * * * * * * * * * * * * * * *
```
*翻新员进行主机故障判定
```
* * * * * * * * * * * * * * * * * * * * * * * * * *
STEP4 QUEUE GZHPD
ENTER FANXIN
DEPART GZHPD
ADVANCE 10,3
LEAVE FANXIN
* * * * * * * * * * * * * * * * * * * * * * * * * *
```
*不同类型手机故障类型不同,分别按不同的概率转移去维修主板
```
* * * * * * * * * * * * * * * * * * * * * * * * * *
TEST E P1,1,GUZHBCD;判断为A型手机
TRANSFER 0.8,STEP7,STEP5;STEP7为主板维修,STEP5为其他坏件更换
GUZHBCD TEST E P1,2,GUZHCD;判断为B型手机
TRANSFER 0.4,STEP7,STEP5;STEP7为主板维修,STEP5为其他坏件更换
GUZHCD TEST E P1,3,GUZHD;判断为C型手机
TRANSFER 0.35,STEP7,STEP5;STEP7为主板维修,STEP5为其他坏件更换
GUZHD TRANSFER 0.5,STEP7,STEP5;STEP7为主板维修,STEP5为其他坏件更换
* * * * * * * * * * * * * * * * * * * * * * * * * *
```
*维修员进行主板维修
```
* * * * * * * * * * * * * * * * * * * * * * * * * *
STEP5 QUEUE ZHUBANWX
ENTER WEIXIU
DEPART ZHUBANWX
ADVANCE 37,3;主板维修
LEAVE WEIXIU
```

```
* * * * * * * * * * * * * * * * * * * * * * * * * * *
*主板 QC 检验员进行主板 QC 检验
* * * * * * * * * * * * * * * * * * * * * * * * * * *
STEP6  QUEUE ZHUBANQC
ENTER ZHUBANQC
DEPART ZHUBANQC
ADVANCE 10,5
LEAVE ZHUBANQC
TRANSFER 0.75,STEP5,STEP7;主板不合格返回维修
* * * * * * * * * * * * * * * * * * * * * * * * * * *
*翻新员进行其他坏件的更换
* * * * * * * * * * * * * * * * * * * * * * * * * * *
STEP7  QUEUE HUANJIAN
ENTER FANXIN
DEPART HUANJIAN
ADVANCE 5,1
LEAVE FANXIN
* * * * * * * * * * * * * * * * * * * * * * * * * * *
*翻新员进行主机装配
* * * * * * * * * * * * * * * * * * * * * * * * * * *
STEP8  QUEUE ZHJZHP
ENTER FANXIN
DEPART ZHJZHP
ADVANCE 15,5
LEAVE FANXIN
* * * * * * * * * * * * * * * * * * * * * * * * * * *
*主机 QC 检验员进行主机 QC 检验
* * * * * * * * * * * * * * * * * * * * * * * * * * *
STEP9  QUEUE ZHUJIQC
ENTER ZHUJIQC
DEPART ZHUJIQC
ADVANCE 10,5
LEAVE ZHUJIQC
* * * * * * * * * * * * * * * * * * * * * * * * * * *
*不同机型检验合格率不同,转移概率不同,根据参数 1 的值进行判断
* * * * * * * * * * * * * * * * * * * * * * * * * * *
TEST E P1,1,ZHJBCD;判断是否为 A 类手机
TRANSFER 0.6,,LA;A 类手机 60%检验合格,40%进入软件版本判断
```

```
TRANSFER 0.98,STEP10,STEP4;A 类手机 2%软件升级,98%去判断故障
ZHJBCD TEST E P1,2,ZHUJICD;判断是否为 B 类手机
TRANSFER 0.65,,LA;B 类手机 65%检验合格,35%进入软件版本判断
TRANSFER 0.94,STEP10,STEP4;B 类手机 6%软件升级,94%去判断故障
ZHUJICD TEST E P1,3,ZHUJID;判断是否为 C 类手机
TRANSFER 0.8,,LA;C 类手机 80%检验合格
TRANSFER 0.8,STEP10,STEP4;C 类手机 20%软件升级,80%去判断故障
ZHUJID TRANSFER 0.8,,LA;D 类手机 80%检验合格
TRANSFER 0.9,STEP10,STEP4;A 类手机 10%软件升级,90%去判断故障
*******************************
*对于低版本软件,进行软件升级
*******************************
STEP10 ASSEMBLE 10
QUEUE RUANJIAN
ENTER RUANJIAN
DEPART RUANJIAN
ADVANCE 15,1
LEAVE RUANJIAN
SPLIT 9,STEP9
TRANSFER  ,STEP9
LA TRANSFER 0.7,,STEP12;30%进行主机OQC检验,70%直接打单归还
*******************************
*主机OQC检验员进行主机OQC检验
*******************************
STEP11 QUEUE ZHUJIOQC
ENTER ZHUJIOQC
DEPART ZHUJIOQC
ADVANCE 8,2
LEAVE ZHUJIOQC
TRANSFER 0.02,,STEP9
*******************************
*物料员进行打单,归还主机
*******************************
STEP12 ASSEMBLE 10
QUEUE DADAN
ENTER WULIAO
DEPART DADAN
ADVANCE 5
```

```
LEAVE WULIAO
SPLIT 9,LB
LB SAVEVALUE REPAIRED+,1
TERMINATE
GENERATE 480
TERMINATE 1
START 2,NP
RESET
START 20
```

12.5　仿真结果与优化

12.5.1　仿真结果与分析

对手机维修中心进行仿真分析，仿真 22 天。为消除初始状态的影响，从第三天开始进行统计，共统计 20 天的仿真结果，维修手机 5230 部，平均每天完成 261.5 部。表 12.5 给出了每个维修工序前面的排队队长、排队时间等、各工序人员的利用率（工作负荷）、维修数量及尚在等待维修的手机数量。

表 12.5　手机维修中心仿真结果

QUEUE	MAX	CONT.	ENTRY	ENTRY（0）	AVE.CONT.	AVE.TIME	AVE.（−0）	RETRY
RUANJIAN	1	0	1 615	1 615	0.000	0.000	0.000	0
ZHUBANQC	444	441	5 227	0	232.229	426.516	426.516	0
ZHUJIQC	13	0	7 107	5 724	0.391	0.528	2.712	0
ZHUJIOQC	4	0	1 577	1 300	0.097	0.588	3.350	0
CHAIBAO	5 208	4 537	20 524	0	2 876.027	1 345.247	1 345.247	0
GZHPD	3 843	3 840	17 960	0	2 067.922	1 105.348	1 105.348	0
HUANJIAN	2 313	2 310	10 958	0	1 260.199	1 104.025	1 104.025	0
ZHUBANWX	3 217	3 215	8 399	0	1 716.475	1 961.919	1 961.919	0
ZHJZHP	1 875	1 873	8 781	0	1 012.806	1 107.270	1 107.270	0
DADAN	1	0	523	523	0.000	0.000	0.000	0
STORAGE	CAP.	REM.	MIN.	MAX.	ENTRIES	AVL.	AVE.C.	UTIL.	RETRY	DELAY
WULIAO	3	2	0	2	544	1	0.429	0.143	0	0
GUZHANG	5	0	4	5	15 992	1	5.000	1.000	0	4 537
RUANJIAN	7	4	1	4	1 619	1	2.527	0.361	0	0
FANXIN	30	0	29	30	29 706	1	30.000	1.000	0	8 023
WEIXIU	20	0	19	20	5 204	1	20.000	1.000	0	3 215
ZHUBANQC	5	0	4	5	4 791	1	5.000	1.000	0	441
ZHUJIQC	10	4	1	10	7 115	1	7.380	0.738	0	0
ZHUJIOQC	3	2	0	3	1 577	1	1.312	0.437	0	0

根据表 12.5，在日维修完成 264.5 部的情况下，故障确认员、翻新员、维修员、主板 QC 检验员的利用率达到了 100%的极限程度，并且大量等待维修的手机无法按时完成。目前，主机 QC 利用率 72.4%比较合理，物料员利用率为 14.4%，软件升级员利用率为 41.6%，主机 OQC 利用率为 43.7%。

为了实现日维修 1000 台手机的目标，要深入分析每一道工序的现有人员数量、人员负荷（利用率）、完成数量、目标任务，如表 12.6 所示。

表 12.6　手机维修中心人员配置现状与工作完成情况

序号	工序名称	岗位名称	人员数量/人	人员负荷	完成数量/台	目标任务/台
1	领取手机	物料员	3	0.143	20 000	20 000
2	拆包检验	故障确认员	5	1	15 987	大于 20 000
3	软件升级	软件升级员	7	0.361	15 990	大于 20 000
4	主机故障判定	翻新员	30	1	14 127	大于 20 000
5	主板维修	维修员	20	1	5 184	10 000 左右
6	主板 QC 检验	主板 QC 检验员	5	1	4 786	10 000 左右
7	坏件更换	翻新员	30	1	8 648	大于 20 000
8	主机装配	翻新员	30	1	6 901	大于 20 000
9	主机 QC 检验	主机 QC 检验员	10	0.738	7 109	大于 20 000
10	软件升级	软件升级员	7	0.361	170	2 000 左右
10	主机 OQC 抽样检验	主机 OQC 检验员	3	0.437	1 576	大于 6 000
11	主机归还	物料员	3	0.144	5 230	20 000

需要特别注意，每个工序完成的手机数量不是最终完成维修的 5290 台，而是经过该工序的流动实体数量，该数量远远大于 5290 台。第一个原因是在维修中心的多个工序仍然有大量在加工和等待加工的手机，通过最后一道工序的手机有 5290 台，则前面各工序的加工数量都大于该数量。第二个原因是在维修过程中存在着多次的检验和返工现象，一部手机可能多次被返工维修，从而通过中间维修工序的手机数量大于最终修好的手机数量。

总之，现有人员配置方案主要存在两个方面的问题。第一个问题是手机维修能力过低，远远不能够满足每天维修 1000 部手机的任务。第二个问题是不同岗位人员的工作负荷存在着严重的不平衡，如翻新员和维修员工作负荷已达到 100%，而物料员工作负荷仅有 14.3%。因此，要根据目标维修任务及各岗位人员的工作负荷等信息，进行多次的方案改进和模拟评价。

12.5.2　优化方案及对比

综合考虑目标任务和现有任务完成情况，估计出备选方案，并对备选方案进行模拟评价。根据模拟分析结果，进一步改进人员配置方案，增加工作负荷过高的岗位人数，减少工作负荷较低的岗位人数。多次进行方案改进并模拟评估，直到找出一个令人满意的优化方案为止。

经过多次的方案改进和模拟评价，最后得到平均每日维修 1000 台手机目标下的最优人员配置方案（表 12.7）。最优方案下的仿真 20 天的结果如表 12.8 所示。表 12.9 给出了原有人员配置方案与最优方案的人员工作负荷（利用率）的对比。

表 12.7　手机维修中心人员配置现状与最优方案　　　　　　单位：人

序号	岗位名称	当前人数	最优人数
1	物料员	3	2
2	故障确认员	5	8
3	软件升级员	7	5
4	翻新员	30	86
5	维修员	20	73
6	主板 QC 检验员	5	23
7	主机 QC 检验员	10	30
8	主机 OQC 检验员	3	6

表 12.8　手机维修中心最优人员配置方案的仿真结果

QUEUE	MAX	CONT.	ENTRY	ENTRY（0）	AVE.CONT.	AVE.TIME	AVE.（−0）	RETRY
RUANJIAN	1	0	2 058	1 970	0.006	0.028	0.657	0
ZHUBANQC	13	0	18 208	14 096	0.466	0.246	1.089	0
ZHUJIQC	97	0	27 606	8 238	17.964	6.247	8.904	0
ZHUJIOQC	16	1	6 126	2 590	1.371	2.148	3.721	0
CHAIBAO	992	0	20 000	160	387.238	185.874	187.373	0
GZHPD	94	41	27 008	2 536	27.130	9.643	10.643	0
HUANJIAN	93	62	26 957	2 277	28.620	10.192	11.132	0
ZHUBANWX	96	92	18 300	2 946	24.366	12.782	15.235	0
ZHJZHP	85	62	26 938	2 291	28.376	10.112	11.052	0
DADAN	3	0	1 992	1 734	0.074	0.357	2.757	0

STORAGE	CAP.	REM.	MIN.	MAX.	ENTRIES	AVL.	AVE.C.	UTIL.	RETRY	DELAY
WULIAO	2	1	0	2	2 013	1	1.194	0.597	0	0
GUZHANG	8	8	0	8	20 000	1	6.250	0.781	0	0
RUANJIAN	5	5	0	5	2 058	1	3.212	0.642	0	0
FANXIN	86	0	34	86	80 824	1	84.085	0.978	0	165
WEIXIU	73	0	27	73	18 281	1	70.158	0.961	0	92
ZHUBANQC	23	4	3	23	18 228	1	18.898	0.822	0	0
ZHUJIQC	30	9	14	30	27 634	1	28.806	0.960	0	0
ZHUJIOQC	6	0	0	6	6 129	1	5.114	0.852	0	1

表 12.9　手机维修中心两种配置方案的人员工作负荷

序号	岗位名称	原方案	最优方案
1	物料员	0.143	0.597
2	故障确认员	1	0.781
3	软件升级员	0.361	0.642
4	翻新员	1	0.978
5	维修员	1	0.961
6	主板 QC 检验员	1	0.822
7	主机 QC 检验员	0.738	0.960
8	主机 OQC 检验员	0.437	0.852

由表 12.9 可以看出，前后两套方案的人员利用情况存在很大的不同。原方案存在人员配置不合理、人员工作负荷过高或过低的问题，且生产能力偏低，20 天内维修 5230 台手机，无法实现维修目标。最优人员配置方案的人员工作负荷（利用率）处在 0.597～0.978，20 天内完成手机维修 19 920 台，既基本完成了手机维修任务，又充分利用了人力资源，实现了投入与产出的平衡。

12.6　结　　论

针对国内某主要手机生产商的手机维修中心存在的不能够按期完成维修任务的问题，对该手机维修中心进行模拟分析和优化。首先，统计手机维修数据并构建手机维修系统模型，设计 GPSS 程序。

对现有维修系统进行为期 20 天的仿真分析，发现现有人员配置方案存在两方面的问题。一是手机维修能力过低，平均每天只能维修 261.5 台手机，远远不能满足每天维修 1000 台手机的任务。二是不同岗位人员的工作负荷存在严重的不平衡，有的岗位工作负荷过大，有的岗位人员空闲较多。

根据目标维修任务及各岗位人员的工作负荷等信息，进行多次的方案改进和模拟评价，找到最优人员配置方案。最优方案的人员工作负荷（利用率）处在 0.597～0.978，20 天内完成手机维修 19 920 台，既基本完成了手机维修任务，又充分利用了人力资源，实现了投入与产出的平衡。

该案例展示了如何通过模拟分析的方法对企业的生产系统进行优化设计，减少由资源配置不合理造成的不必要的资源浪费，并能够保证生产任务的顺利完成，从而降低生产成本，提高劳动生产率。

参 考 文 献

[1] 胡斌，蒋国银. 管理系统集成模拟原理与应用. 北京：高等教育出版社，2010.

[2] 任锦鸾. 管理系统模拟. 北京：中国传媒大学出版社，2009.

[3] 陈国栋. 管理系统模拟. 北京：中国电力出版社，2013.

[4] 卫强，陈国青. 管理系统模拟. 北京：高等教育出版社，2008.

[5] 龚晓光，肖人彬. 管理系统模拟应用：以供应链为背景. 北京：电子工业出版社，2012.

[6] Banks J，Carson J S. Discrete-Event System Simulation. Upper Saddle River：Prentice Hall，2009.

[7] Brailsford S，Churilov L. Discrete-Event Simulation and System Dynamics for Management Decision Making. Hoboken：Wiley，2014.

[8] Choi B K，Kang D H. Modeling and Simulation of Discrete Event Systems. Hoboken：Wiley，2013.

[9] Albrecht F，Kleine O，Abele E. Planning and optimization of changeable production systems by applying an integrated system dynamic and discrete event simulation approach. Procedia CIRP，2014，17：386-391.

[10] Furian N，O'Sullivan M，Walker C，et al. A conceptual modeling framework for discrete event simulation using hierarchical control structures. Simulation Modelling Practice and Theory，2015，56：82-96.

[11] Bohez S，Verbelen T，Simoens P，et al. Discrete-event simulation for efficient and stable resource allocation in collaborative mobile cloudlets. Simulation Modelling Practice and Theory，2015，50：109-129.

[12] Cui Y Q，Shi J Y，Wang Z L. Discrete Event Logistics Systems（DELS）simulation modeling incorporating two-step Remaining Useful Life（RUL）estimation. Computers in Industry，2015，72：68-81.

[13] Cha M H，Mun D. Discrete event simulation of Maglev transport considering traffic waves. Journal of Computational Design and Engineering，2014，1（4）：233-242.

[14] Gunawan F E. Design and implementation of discrete-event simulation framework for modeling bus rapid transit system. Journal of Transportation Systems Engineering and Information Technology，2014，14（4）：37-45.

[15] Liraviasl K K，ElMaraghy H，Hanafy M，et al. A framework for modelling reconfigurable manufacturing systems using hybridized discrete-event and agent-based simulation. IFAC-Papers On Line，2015，48（3）：1490-1495.

[16] Zupan H，Herakovic N. Production line balancing with discrete event simulation：a case study. IFAC-Papers On Line，2015，48（3）：2305-2311.

[17] Baril C，Gascon V，Miller J，et al. Use of a discrete-event simulation in a Kaizen event：a case study in healthcare. European Journal of Operational Research，2016，249（1）：327-339.

附录 A　GPSS 程序设计基础

A.1　GPSS 建模思想

GPSS（general purpose simulation system）是一种通用的模拟语言，已成为离散系统模拟领域的主流模拟语言之一。GPSS 最早由 IBM 于 20 世纪 60 年代开发而成，当时称为 GPSS（general purpose system simulator）。目前，有代表性的版本有 GPSS/PC、GPSS/H 和 GPSS/World。本书采用的版本是 GPSS/World，软件网址是 www.minutemansoftware.com，可免费从网上下载学生版软件、使用手册和教程等。

GPSS 语言模拟的系统由永久实体和临时实体构成。永久实体在整个模拟过程中存在，如服务员、设备、存储器、队列、用户链、矩阵、保留值、表、变量、函数、开关等。临时实体又称为流动实体，在程序执行过程中产生的临时实体，在系统中流动并消失，一般用于表示系统中的顾客或被加工的零件。

GPSS 语言包括三种语句：块语句、控制语句与定义语句（附图 A.1）。在 GPSS/World 中共有 53 个块语句，每个块语句对应一种功能，构成模拟过程的主体。控制语句用于控制程序的运行过程。定义语句用于定义函数、表格、矩阵、变量、存储器等永久实体。

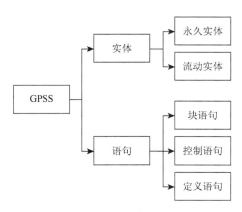

附图 A.1　GPSS 语言的基本构成

GPSS 程序语句书写顺序的依据是顾客在系统中经历的路线，在程序的整个执行时间内每个语句都起着作用，但是只有流动实体通过时该语句才被激活。这意味着任何一个块语句必须有流动实体经过，否则该语句的操作无法被执行。

GPSS 语言学习的基本原则是不能把 GPSS 单纯作为计算机语言学习，要结合各种系统模型学习。每一个 GPSS 语言都可能对应着现实中的多种场景，而多个语句组成的语句块更能够代表不同的系统逻辑和模型。

在设计 GPSS 程序之前，应该先构建现实问题的模型，分析流动实体（顾客或工件）在系统中经历的流程和路线，画出流程图，尤其注意逻辑判断和转移条件。将流程路线模块化，并与 GPSS 语句对应，设计 GPSS 程序。

A.2 GPSS 语句格式与标准数字特征

A.2.1 GPSS 语句的主要类型

GPSS 语句包括块语句、控制语句与定义语句，分别在程序中起到不同的作用。块语句用于实现模拟系统的主体功能，如顾客的到达、排队、占用设备、接受服务、离开等。控制语句用于控制 GPSS 语句的执行，如仿真的开始与结束。定义语句用于定义系统的永久实体，用于模拟现实系统的服务员、加工设备、函数、矩阵等。

1. 块语句

每个块语句执行一定的操作，相当于一个功能子程序。但是，只有当一个流动实体通过该块时才激起这种操作，而不论这种操作是否与流动实体直接相关。

块语句由标号、语句名、域和注解组成，一般形式如下：

标号　语句名　域1,域2,…;　注解

其中，标号用字母数字串表示，最长 9 位，首位必须是字母。标号放在本行第一列，如不需要可不写。语句名在 GPSS 中是固定的，在 GPSS World 中共 53 个，分别实现不同的模拟功能，在语句中必须出现。域相当于块语句中的参数或属性，不同语句中域的内容不同，域之间用逗号分隔。需要特别指出，不同域之间在逗号后不能有空格，如果有空格，空格后的内容被当成注解。

分号后为注解。若无分号，域后第一个空格后为注解。注解可以省略。另外，对于一行 GPSS 程序，如果第一列为*，则表示为注解行。一个块语句必须写在一行，一般不超过 250 个字符。

在 GPSS 程序中，必需的块语句是 GENERATE 语句，用于表示流动实体的产生。例如，下列块语句中，语句标号为 LA，语句名为 GENERATE，域为"10, 2"，"CUSTOMER ARRIVAL"表示注释。该语句表示每隔 10±2 个时间单位产生一个流动实体。

```
LA  GENERATE  10,2;CUSTOMER ARRIVAL
```

2. 控制语句

控制语句用于控制程序的执行，控制语句的格式与块语句相同，由标号、语句名、域和注解组成，语句格式如下：

标号　语句名　域1, 域2, …；注解

最常用的控制语句是 START 语句。例如，START 10 用于将程序终止计数器的初值设为 10，当终止计数器的值为 0 时，程序运行结束。另外，CLEAR 语句也比较常用，用于清除模型。RESET 语句不改变系统运行状态，但重新开始进行结果的统计。

3. 定义语句

定义语句用于定义永久实体，如存储器、函数、保留值、矩阵保留值、变量、表等。定义语句由实体名、实体类型、域和注解组成。定义语句要放在程序的最前面，即放在程序第一个 GENERATE 语句前面。定义语句的格式如下：

实体名　实体类型名　域1, 域2, …；注解

实体名用字母数字串表示，第一个应该为字母。定义语句中的实体类型名是固定的，如 STORAGE、TABLE、FUNCTION、VARIABLE、MATRIX 分别表示要定义存储器、表、函数、变量和矩阵。上述各种永久实体的含义将在后面相应部分介绍。

例如，定义一个名字为 INVENTORY 的存储器，容量为 5，则定义语句为

```
INVENTOTY STORAGE  5;
```

A.2.2　标准字符

标准字符又称为标准数字特征，表示实体的特征或属性。每个标准字符均有确切含义，作为语句的域出现在程序中。这些标准字符在 GPSS 语言中属于专用组合，不能够在程序中当成语句标号或实体名称使用。标准字符的一般形式为 SNA\$name 或 SNAnum。SNA 表示规定的标准字符符号，如 FN 表示函数、P 表示参数、Q 表示队列、S 表示存储器。num 是整数表示的实体名，name 是字符串表示的实体名。需要特别指出，在 GPSS/World 中出现在语句第一列的实体名必须为字符串。

常用的标准字符及含义举例如下：

（1）N\$MADE：进入标号为 MADE 的语句块的流动实体总数。

（2）C1：相对时钟时间，注意其中的 1 不能够用其他数字或字符代替。

（3）AC1：绝对时钟时间，注意其中的 1 不能够用其他数字或字符代替。

（4）F2：设备 2 的状态。

（5）FN\$artime：函数 artime。

（6）Q2：队列的当前队长（内容）。

（7）RN3：第三个随机数发生器。

（8）S\$inventory：存储器 inventory 的当前内容。

（9）P3：流动实体的第三个参数值。

（10）X1：保留值 1 的值。

（11）X\$income：保留值 income 的值。

（12）V\$profit：变量 profit 的值。

（13）QA\$shop：队列 shop 的平均队长。

A.3　基本块语句与单服务台系统仿真

A.3.1　基本的块语句

介绍几种最常用的基本块语句，用于模拟顾客的到达、排队、离队、占用设备、接受服务过程、释放设备、流动实体的消除等。可以说，任何一个模拟程序都离不开这些基本语句。特别指出，如果需要，下面的块语句前面均可以加上语句标号。为了简便，在介绍语句格式时省略标号。

1. 流动实体的产生——GENERATE 语句

流动实体的产生在现实系统中可以表示顾客的到达、原材料的到达、订单的到达、车辆的到达等各种情况，往往是一个模拟程序运行的第一步，用 GENERATE 语句实现，语句格式如下：

GENERATE A,B,C,D,E

其中，A，B，C，D，E 叫作域，域的含义类似于通常所说的参数。所有块语句的域之间不能有空格，因为空格后的内容表示注释。

GENERATE 语句用于每隔一定的时间产生一定数量的流动实体。相继产生两个流动实体之间的间隔时间是利用域 A 和域 B 计算出来的，其中 A 为下一个流动实体产生距上一个流动实体产生的时间间隔的均值，B 为相应的半宽或函数修正。如果域 C 不是零，第一个流动实体产生的时间等于 C 的值，否则等于域 A、B 的首次计算值。GENERATE 语句各阈值含义如下。

A：流动实体产生的平均间隔时间。

B：流动实体产生的间隔时间的半宽或函数修正。省略为零，如果 B 为数值，则表示半宽。如果 B 为函数，则表示函数修正，需要用 A 乘以 B 来计算流动实体的产生时间间隔。其中，B 必须小于或等于 A。

C：第一个流动实体到达的时间。

D：产生流动实体的总数，省略为不限。

E：流动实体的优先级，省略为 0，表示最低优先级。

需要特别注意，GENERATE 语句能够产生流动实体，仿真顾客或工件的到达。但是，流动实体不能通过 GENERATE 语句。

GENERATE 语句的典型用法有四种，分别表示不同的作用。

1）GENERATE A,B

上述语句表示以 A±B 的时间间隔产生流动实体，其中的 A 与 B 均代表具体的数值。例如，GENERATE 10,5 表示产生流动实体的时间间隔范围是 5~15，并在数值范围内均匀分布。这种用法一般用于模拟时间到达规律比较简单、到达间隔在一定范围内均匀分布的情况。

2）GENERATE A

上述语句表示每隔 A 个时间单位产生一个流动实体，常常用于仿真时间的控制。例如，为了仿真 480 分钟的系统运行，可用 GENERATE 480 在第 480 分钟时产生一个流动实体，然后用 TERMINATE 1 和 START 1 语句使模拟过程立即停止，从而达到仿真 480 分钟的目的。

3）GENERATE　,,,1

上述语句表示在仿真开始的时刻产生一个流动实体，往往用于模拟产品装配系统或者专门产生一个流动实体对系统的运行进行观察统计（如每隔两分钟统计一次队长）。

4）GENERATE FN\$ARRIVETIME

当流动实体到达时间间隔规律不是在一定时间范围内的均匀分布时，就需要对流动实体到达时间间隔规律进行函数定义，并按照函数定义的时间间隔规律产生流动实体。函数定义语句要写在 GENERATE 语句前面。

2. 流动实体的消除——TERMINATE 语句

流动实体的消除在现实系统中可以表示顾客的离开、车辆经过路口离开，以及销售、采购、加工等过程结束后流动实体的消除，往往是一段模拟程序运行的最后一步，用 TERMINATE 语句实现，与 GENERATE 语句相对应，语句格式如下：

TERMINATE A

TERMINATE 模块是用来消除进入的流动实体。TERMINATE 语句与 GENERATE 语句往往成对出现。其中，域 A 为选用项，可以省略。A 表示在消除流动实体的同时，运行终止计数器必须要减少的数值。如果在 TERMINATE 语句中省略域 A，则只消除流动实体，其运行终止计数器的值不改变。运行终止计数器的初始值由 START 语句确定。

例如，TERMINATE 1 表示消除流动实体，并将终止计数器的值减去 1；TERMINATE 表示消除流动实体，但终止计数器的值不变。

TERMINATE 语句与 START 语句共同决定了仿真过程何时结束。START 语句是最常用的控制语句，START 30 表示终止计数器的初始值为 30，与 TERMINATE 1 合用表示仿真完成对 30 位顾客的服务。

3. 时间延迟

时间延迟语句的功能是令到达该语句的流动实体在此处停留一定的时间，在现实系统中可以表示顾客接受服务的过程、车辆经过路口的过程、工件被加工的过程等所有需要一定时间段的活动。时间延迟用 ADVANCE 语句实现，语句格式如下：

ADVANCE A,B

当流动实体进入 ADVANCE 模块时，它在模块中停留的时间用域 A 和域 B 计算。A 表示停留的平均时间，B 为半宽或函数修正。计算时间延迟的规则与 GENERATE 模块相同。

服务过程是 ADVANCE 语句的一个重要应用，但不是唯一的应用。ADVANCE 的本质是时间延迟。例如，语句 ADVANCE 10,5 的含义是流动实体在模块中停留 10±5 的时间。

4. 试图占用一个设备

设备是一种永久实体。它能容纳一个流动实体，即这个流动实体占用了这个设备。在任意时刻，一个设备可以呈现空闲和被占用两种状态之一。只有处于空闲状态的设备才能够被其他流动实体占用。设备在系统仿真中能够表示系统中的一位服务员或一个加工设备。设备不需要进行定义，系统自动产生。设备容量为 1。

任何一位顾客或者一个工件在得到服务或加工之前，都必须占用该设备。如果此时设备处于被其他流动实体占用的状态，则需要等待，直到设备被释放而空闲。流动实体试图占用一个设备的语句是 SEIZE，格式如下：

SEIZE A

流动实体试图占用设备 A，这个模块首先测试设备 A 的状态。A 为设备的名称，可以用数字表示，也可以用字符串表示，不需要提前给出名称的定义。如果设备不空闲，则拒绝流动实体进入，流动实体无法通过该模块。若设备空闲，流动实体进入该模块，设备立即被占用，并且流动实体继续送往下一个模块。而设备被占用时，就拒绝企图占用它的后继流动实体进入，直到占用它的流动实体释放该设备为止，设备释放模块为 RELEASE。SEIZE 语句必须与 RELEASE 语句成对出现。

例如，SEIZE 2 表示试图占用 2 号设备，SEIZE SERVER 表示试图占用名为 SERVER 的设备。

5. 释放一个设备

当某项服务完成或工件加工结束，要释放服务员或设备。只有被释放之后，设备重新处于空闲状态，才能够被其他流动实体占用。因此，在一个 GPSS 程序中，有 SEIZE 语句出现时一定有 RELEASE 语句，两者一一对应。释放设备语句用 RELEASE 模块表示，语句格式如下：

RELEASE A

语句含义是模块释放设备 A，从而使得设备又能让流动实体占用。该模块从不拒绝流动实体进入，但是必须由占用设备的同一个流动实体来释放这个设备。SEIZE 与 RELEASE 语句总是成对出现，并且两个语句中的设备均为同一个 A。

例如，与 SEIZE 2 对应，RELEASE 2 表示释放设备 2，与 SEIZE SERVER 对应，RELEASE SERVER 表示释放设备 SERVER。

6. 流动实体加入一个队

队列是永久实体，它的容量无限，不需要进行定义，系统自动产生。一般用于模拟现实系统中的排队。流动实体加入一个队一般表示顾客进入等待服务的队列，即开始排队，用 QUEUE 语句实现，语句格式如下：

QUEUE A,B

语句含义是流动实体排入队列 A 中，并把队列的长度增加 B 个。A 为队列名或号码，B 为加到队列中的单位数。如省略 B，则假定为 1。之后，流动实体继续移向下一个模块去。因此，QUEUE 语句从不拒绝流动实体的进入。

通常，QUEUE 模块后面跟着一个可能拒绝流动实体进入的模块，诸如 SEIZE 语句或 ENTER 语句。流动实体在队列中（QUEUE 和 DEPART 模块之间）花费的时间由模拟系统自动记录，并在报告中给出统计结果。

例如，QUEUE 1 表示流动实体排入队列 1 中，并将队长增加 1。QUEUE BARBER,2 表示流动实体排入队列 BARBER 中，并将队列 1 的队长（内容）增加 2 个单位。

队列的标准字符为 Q，Q1 表示队列 1 的长度，QA1 表示队列 1 的平均队长。

7. 流动实体离队

与流动实体排入队列相对应的语句是流动实体离开队列，一般用于现实系统中顾客排队结束，轮到自己接受服务，于是离开队列。流动实体离开队列用 DEPART 语句实现，语句格式如下：

DEPART A,B

这个模块用来表示流动实体离开队列 A，并将队列长度减去由域 B 规定的单位数。DEPART 与 QUEUE 语句总是成对出现，即有排队就有离队。其中，A 表示队列名或号码，B 表示从队列容量中减少的单位数。如不规定 B，则默认为 1。

例如，与上面两个 QUEUE 语句对应的两个语句分别为 DEPART 1 和 DEPART BARBER,2。

A.3.2 单服务台系统仿真

单服务台系统指只有一个服务工序和一个服务员的简单服务系统，用于模拟现实中只有一个服务台的情况。服务规则是先到先服务，并且不存在特别的优先权，没有顾客中途离开，也没有加塞的情况。顾客到达后自动排入队列等待，并先后接受服务，服务完成后离开。

系统模型如附图 A.2 所示。

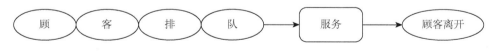

附图 A.2　单服务台系统

例如，某火车票代售点只有一位售票员，顾客到达时间间隔是 3±2 分钟。每位顾客购票时间一般为 2±1 分钟。模拟 100 位顾客的购票过程，问售票员的工作负荷率是多少？顾客排队时间怎样？

根据上述过程，顾客为流动实体，售票员为永久实体。由于只有一位售票员，用设备表示。按照顾客到达、排队、购票的过程进行分析并编写 GPSS 程序。画出系统流程图及对应的 GPSS 语句模块（附图 A.3）。

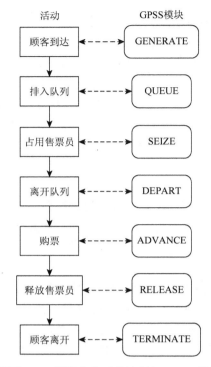

附图 A.3　单服务台系统流程与 GPSS 模块

****

模拟 100 位顾客的 GPSS 程序如下：

```
GENERATE 3,2;每隔 3±2 分钟到达一位顾客
QUEUE 1;顾客排入队列 1 中
SEIZE SELLER;顾客试图占用售票员 SELLER
DEPART 1;顾客离开队列 1
ADVANCE 2,1;开始购票
RELEASE SELLER;购票结束,顾客释放售票员 SELLER
TERMINATE 1;顾客离开,并将终止计数器的值减去 1
START 100;将终止计数器的初始值设为 100
```

****

使用 GPSS/World 软件学生版进行模拟运行。GPSS/World 学生版免费下载网址为 www.minutemansoftware.com，网上还提供使用手册等教程。下载、安装并启动软件，点击菜单中的 File/New，选择新建 Model，出现程序编辑窗口，将上述程序输入，如附图 A.4 所示。

点击菜单中的 Command/Create Simulation，开始程序编译。如果程序有错，会在编译结果窗口给出程序错误提示。因此，如果程序有问题，应认真阅读编译结果，查找错误原因。如果程序编译正确，系统自动给出模拟报告，如附图 A.5 所示。

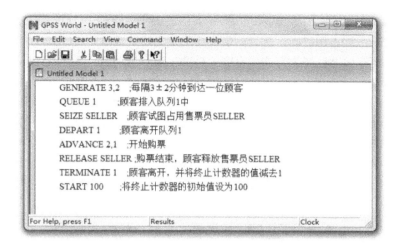

附图 A.4　GPSS World 程序编辑界面

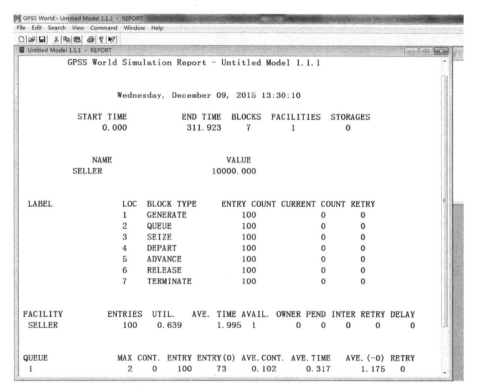

附图 A.5　GPSS 模拟结果报告

报告上半部分主要是模拟报告的基本信息,包括模拟运行时间、模块数量、设备数量、存储器数量等。中间部分给出了每个块语句语句标号、语句类型、进入的流动实体数量、当前停留的流动实体数量。

在报告的下面,给出了设备和队列的统计结果。FACILITY 表示设备,在该系统中有一个设备 SELLER。ENTRIES 表示进入该设备的流动实体数量，UTIL.表示设备的利用率。AVE. TIME 表示平均占用时间，此处的现实含义是平均购票时间。QUEUE 表示队列，在该系统中有一个队列 1，MAX 表示最大队长，CONT.表示当前队长，ENTRY 表示进入队列的流动实体数量，ENTRY（0）表示排队时间为 0 的流动实体数量，AVE. CONT.表示平均队长，AVE. TIME.表示平均排队时间。如果模拟程序中用到了存储器、表、保留值等实体，GPSS 仿真报告中也会给出相应的结果。另外，菜单 Window/Simulation Window 中可以查看相关实体的信息，包括块语句、设备、存储器、逻辑开关、矩阵、队列、保留值、表等。

由仿真结果可以看出，售票员的工作负荷为 0.639，即售票员忙的时间占 63.9%。顾客平均排队时间为 0.317 分钟，平均队长为 0.102 人。因此，该系统不需要再增加售票员。

A.4 多工序、多设备与多输入模型

A.4.1 多工序加工模型

1. 问题描述

某生产线有三道工序。考虑该多工序生产线上的第二、三道工序，其模型如下。

（1）第一道工序每隔 16±9 分钟送来一个工件，

（2）第二、三道工序各有一台加工设备，它们加工一个工件所需时间分别是 15±7 分钟和 14±5 分钟。仿真至第 30 个工件通过第三道工序时为止。

以上所说的间隔时间 16±9 分钟，其含义是间隔时间是随机变量，服从[7，8，…，24，25]上的离散均匀分布，即以相同的概率（1/19）取正整数值 7，8，…，25。这个随机变量的数学期望是 16，因而 16 为均值，而 9 为半宽。加工时间 15±7 分钟、14±5 分钟其意义相同。

2. 模型构建与程序设计

这是一个两级串联排队系统，工件在系统中要先后经过两次排队、两次加工。系统中的两个队分别叫队 2 与队 3，两个加工设备叫设备 2 与设备 3。我们把工件所走的路线及设计的有关条件画成框图（附图 A.6），然后按照框图可以很容易地写出 GPSS 程序。

下面是这个模型的 GPSS 程序，每一行是一个语句，可以看出每个框对应着一个语句，而且它们的顺序也是一致的。

```
GENERATE   16,9;工件到来
QUEUE   2;排入队 2
SEIZE   2;企图占用设备 2
DEPART   2;离开队 2
ADVANCE   15,7;延迟时间,进行第二道工序加工
RELEASE   2;释放设备 2
QUEUE   3;排入队 2
SEIZE   3;企图占用设备 3
```

DEPART 3;离开队 3
ADVANCE 14,5;延迟时间,进行第三道工序加工
RELEASE 3;释放设备 3
TERMINATE 1;消除流动实体,即工件离去,并将终止计数器的值减去 1
START 30;将终止计数器的初始值设为 30

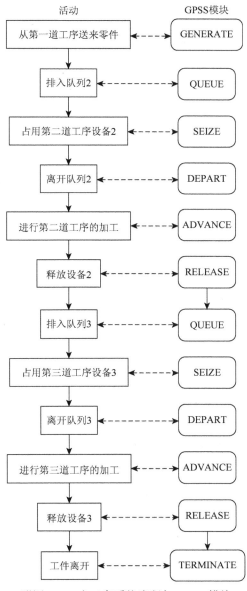

附图 A.6　多工序系统流程与 GPSS 模块

3. 程序的执行说明

GPSS 中的语句有三类,分别是块语句、控制语句和定义语句。块语句也简称块,以

上程序每一行是一个语句。其中最后一个语句 START 是控制语句，用来设置终止计数器的初始值，其余都是块语句。

一个排队系统是在一定的时间范围内运行。在 GPSS 中有"时钟"这样的装置，其时间单位（如小时、分、秒）由用户选定，并在程序中体现出来。这个时钟叫仿真时钟，一个程序从仿真时钟的时刻 1 开始运行。

在这一节开始我们介绍的多工序生产模型是数学模型，在工厂里现实存在的生产线叫现实模型，为数学模型进行仿真编写的仿真程序称为仿真模型。在 GPSS 中流动实体（TRANSACTION）的概念相当于排队论中的顾客或工件，GPSS 中的设备相当于排队问题中的服务员或加工设备。

GENERATE 块的作用是产生流动实体，16 与 9 的作用是每隔 16±9 个时间单位产生一个流动实体，这是工件到来的仿真。流动实体产生之后，接着就进入下一块。GENERATE 是块名，是 GPSS 语言本身规定的，16 与 9 是用户填入的。在语句 QUEUE 2 中，QUEUE 是块名，2 是队名。流动实体通过这一块，意味着它排入了 2 号队。

设备有两个状态：空闲（未被占用，自由）与不空闲（被占用，忙）。流动实体试图通过 SEIZE 2 语句时，GPSS 编译系统检查设备 2 的状态，如果空闲，流动实体便允许通过这一块，并且占用了设备 2，设备由空闲变为忙；如果设备 2 不空闲，流动实体不允许通过 SEIZE 2 块，在这一块受阻。流动实体通过 DEPART 2 块表明离开队 2，接下去的一块是 ADVANCE 15，7，流动实体通过这一块有 15±7 的时间延迟，这是工件加工的仿真。接着流动实体通过 RELEASE 2 块，作用是把设备 2 释放出来，即使它成为空闲状态。

例如，第一个流动实体在时刻 14 到来，它顺利通过 QUEUE、SEIZE 和 DEPART 三个块之后在时刻 14 进入 ADVANCE 块，在这里它需要停留 17 个时间单位。第二、三个流动实体分别在时刻 28、48 到来。现考察时刻 30 系统的状态，此时第一个流动实体仍停留在 ADVANCE 块，第二个流动实体已经来到系统，正在队 2 等待，而第三个流动实体此时尚未到来。在时刻 31 第一个流动实体完成第二道工序的加工，接着通过第三个队列并占用设备三，进入 ADVANCE 14，5 块。另外，第二个流动实体也在此时刻进入 ADVANCE 15，7 块，它在队 2 中等待了 3 个时间单位。如果第二个流动实体在设备 2 的停留时间是 19，第一个流动实体在设备 3 的停留时间是 18。那么在时刻 40，第一与第二个流动实体分别停留于各自所在的块中，此时队 2 与队 3 都是空的。概略地说，GPSS 编译系统，就是这样在仿真时钟的标志下，安排着仿真程序的运行。

QUEUE 块与 DEPART 块在程序中总是成对出现，它们是一对互补块。要离开某个队的流动实体必须是队中所存在的。因此总是 QUEUE 在前，DEPART 在后。这两个块的作用使编译系统能自动计算流动实体在队中的等待时间及队的长度。SEIZE 与 RELEASE 也是一对互补块，其作用也类似。

流动实体通过块 QUEUE、DEPART、RELEASE 没有时间延迟也不受任何条件的限制。流动实体通过 SEIZE 块受条件的限制，指定的设备空闲时才能通过，不空闲则被阻拦，但通过这一块并没有时间延迟。流动实体通过 ADVANCE 块要有一定的时间延迟。例如，一个流动实体在时刻 14 进入此块，在时刻 31 离开此块，即在此块延迟了 17 个时间单位。

流动实体通过 TERMINATE 块，表示它离开了仿真系统。START 10 是控制语句，它控制着仿真进行到何时结束。GPSS 编译系统有一个终止次数计数器，START 30 语句将计数器的初值设为 30。在程序运行过程中，每当一个流动实体通过 TERMINATE　1 块时，终止计数器的值减少 1，直到这个计数器的值成为 0，程序便结束运行，同时自动打印出仿真结果报表，因此我们的程序在第 30 个流动实体通过设备 3 时结束。

A.4.2　多设备加工模型

1. 问题描述

仍考虑多工序生产线，为了程序简短只考虑其中的一道工序，具体问题如下。

（1）工件到来间隔时间是 10±6 分钟。

（2）有三台加工设备，每台加工一件所需的时间是 28±10 分钟。

（3）仿真到时刻 180 结束。

该系统的模型与单服务台系统的差异在于加工设备由一个增加为三个，工件仍然排成一个队。差异在于需要将单服务台系统中容量为 1 的设备改成容量大于 1 的存储器。

2. 存储器的定义与使用

存储器用于表示容量大于 1 的有限容量的服务员或加工能力。下面是关于存储器的三个语句。

1）存储器的定义

存储器是永久实体，它在同一时间内能接纳若干个流动实体，它的容量由用户通过 STORAGE 语句定义，存储器定义语句格式如下：

NAME STORAGE A

NAME 表示存储器名（字符串），A 规定存储器容量（省略为 32 767）。例如，MARKET STORAGE 3 表示定义存储器 MARKET，容量为 3。存储器定义语句与所有定义语句一样，应该放在 GPSS 程序第一个 GENERATE 语句的前面。

2）流动实体进入存储器

流动实体进入存储器能够模拟现实中顾客开始进入一个有多个服务员的服务前台，占用一个服务员，用 ENTER 语句实现，语句格式如下：

ENTER A,B

其中，A 表示进入的存储器的名称，B 为选用项，表示流动实体所需要的存储器单元的数量。如果域 B 没规定，则默认数量为 1。

ENTER 模块测试存储器能否接收流动实体。如果存储器的剩余容量大于 B 规定的数量，则流动实体就进入 ENTER 模块，存储器的储量就增加由域 B 所规定的数量，且流动实体继续移向下一个模块。如果不能，则流动实体应当在前面的模块中等待，直到在存储器中有足够的地方可利用时为止。

例如，ENTER MARKET 表示流动实体进入存储器 MARKET。注意，在使用存储器之前，要在程序的开始先定义存储器名称和容量。

3）流动实体离开存储器

流动实体离开存储器一般表示顾客接受完服务，离开服务员，因此该服务员又空闲下来可以接待新的顾客。流动实体离开存储器使用 LEAVE 语句实现，语句格式如下：

LEAVE A,B

其中，A 表示存储器名称，B 为选用项，表示释放存储器单元的数量，这个数量必须小于存储器的当前含量。如果域 B 省略，则释放的单元数量为 1。

这个模块从存储器 A 中消除流动实体，从而增加可用存储器单元的数量，其增加数由域 B 规定，该模块从不拒绝流动实体进入。

LEAVE 与 ENTER 语句必须成对出现，与 ENTER MARKET 对应的是 LEAVE MARKET。

3. GPSS 程序及分析

多工序模型的仿真程序如下：

```
JIQI   STORAGE 3 ;将三台加工设备定义为存储器,存储器容量为3
GENERATE 10,6
QUEUE 1
ENTER JIQI;企图进入存储器 JIQI 进行加工
DEPART 1
ADVANCE 28,10
LEAVE JIQI;加工结束，离开存储器即加工设备 JIQI
TERMINATE
GENERATE 180
TERMINATE 1
START 1
```

在单工序系统中如果有多个服务员或多台设备，这些多名服务员或多台设备用 GPSS 中的存储器来表示。程序中涉及的存储器必须经过定义语句来定义，定义语句指定存储器的名称与容量。一个容量为 3 的存储器至多能同时容纳 3 个流动实体。程序中的第一行是存储器定义语句，STORAGE 是语句名，JIQI 是用户定义的存储器名，3 是规定的容量。ENTER 块与 LEAVE 块是一对互补块。它们同 SEIZE、RELEASE 非常相像。当流动实体面对 ENTER JIQI 块时，如果存储器 JIQI 不满，流动实体便通过这一块，并且进入存储器 JIQI。如果存储器 JIQI 已满，流动实体便在这一块受到阻拦。流动实体通过 LEAVE JIQI 块，表示离开了存储器 JIQI。

再来说明仿真结束于时刻 180 是如何实现的。作为工件的流动实体通过 LEAVE 块后紧接着通过 TERMINATE 块，这个块语句中没有像以前一样有一个数字 1，因此流动实体通过此块并不引起终止计数器的值改变。程序最后三个语句实现了终止控制的要求。块 GENERATE 180 表示每间隔时间 180 产生一个流动实体，第一个流动实体在时刻 180 产生（这里产生的流动实体不是工件的仿真，而是用于控制仿真时间），随后它通过下一块即 TERMINATE 1，从而使得终止计数器的值从 1 减少为 0，于是程序运行终止。

最后指出一点，如果不需要排队的统计信息，我们可以把程序中的 QUEUE 与 DEPART

块删去，仿真结果仍不改变，只是在输出报表中没有了队的统计数据。就现实系统而言，有等待就必有排队，在仿真过程中计算机的内部处理也是如此。但是在程序中是否把排队反映出来，取决于用户对排队统计数据是否关心。要想了解排队的拥挤程度，就须写出 QUEUE 块，否则便可不写。

A.4.3　流动实体的转移——一个大型超市的仿真

1. 问题描述

一个大型超市，顾客到达的间隔时间是 1±0.5 分钟。进入超市的顾客选购时间是 29±9 分钟。其中有 10% 的顾客最后没有购物，直接离开。选购商品的顾客去结账付款，有 5 个收款员，收款一次所需时间为 3±1 分钟。对该超市仿真运行 480 分钟，顾客平均等待时间是多少？排队平均队长是多少？

可以将超市及 5 个收银员看成存储器。假设超市的容量为 1000 人。因此，需要定义两个存储器，分别代表超市和收银台。

问题在于如何仿真部分顾客不购物的情况。不购物顾客占到 10%，他们不需要去付款，而是直接离开。这种流动实体流向不同的情况，需要用到流动实体的转移语句，将部分流动实体分流到其他模块。流动实体转移功能用 TRANSFER 语句实现。

2. 流动实体的转移

流动实体的转移语句用于模拟现实中不同类型顾客经历的不同路线。例如，在医院系统中，患者要根据病情去不同的科室。在超市系统中，购买商品的顾客要去收银台付款，未购物顾客直接离开。转移语句的格式如下：

TRANSFER A,B,C

这个模块将使流动实体向着一个指定的模块 B、C 转移，转移的方式由域 A 所确定。

A 为转移模式，共有 9 种选择，下面是常见的三种。

（1）如果省略 A（由逗号所代替），则流动实体无条件地被送到域 B 所规定的标号处，此时没有域 C。

例如，TRANSFER　,LA 表示流动实体无条件转移到 LA。

（2）如果 A 为小数，则流动实体则要在域 B 或域 C 之间按照 A 指定的概率做出随机选择。选择下一个模块是域 C 的概率，由小数 A 给出；选择下一个模块是域 B 的概率为 1–A。对于任何一个流动实体，选择哪条通路，事先是不可预测的。如果域 B 省略，则 B 默指该语句的下一个模块。

例如，TRANSFER.25　,LA,LB 表示流动实体以 0.25 的概率转到 LB，以 0.75 的概率转到 LA。TRANSFER.25　,LB 表示流动实体以 0.25 的概率转到 LB，以 0.75 的概率转到下一个模块。

（3）如果 A 为 BOTH，则流动实体首先试图转到域 B，其次转到域 C。如果两条路线都不能立刻通过，在以后每个时钟单位都重复这种尝试直到成功。

例如，TRANSFER BOTH,LA,LB 表示流动实体首先试图转到块 LA，其次转到块 LB。

3. GPSS 程序

在超市模拟中，我们用存储器来表示收银台，首先定义存储器 CASHER，容量为 5。顾客为系统的流动实体，到达后开始选购,选购结束后没有购物的顾客直接离开(占 10%)，已选购商品的顾客去收银台付款。使用 TRANSFER 语句实现 10%的未购物顾客的直接离开。超市 GPSS 程序如下：

```
SUPERMARKET STORAGE 1000
CASHER STORAGE 5
GENERATE 1,0.5
ENTER SUPERMARKET
ADVANCE 29,9;选购
TRANSFER 0.1,,LA;10%的顾客未购物,直接离开超市
QUEUE 1
ENTER CASHER
DEPART 1
ADVANCE 3,1;付款
LEAVE CASHER
LA LEAVE SUPERMARKET;离开超市
TERMINATE
GENERATE 480
TERMINATE 1
START 1
```

A.4.4 多个输入

1. 问题描述

考虑生产流程中的两个工序，第一道工序由 A、B 两个工人担任，第二道工序由工人 C 担任，工人 A、B 分别间隔 15±5、10±5 分钟向工人 C 送去一件半成品，工人 C 加工一件需要 6±2 分钟。对系统仿真到 C 做完 30 件为止。

2. 实现方式一

由于 A、B 两个工人的加工速度不同，可以编写两段以 GENERATE 开头的程序，分别表示由 A 和 B 送来的零件在第二道工序的加工。程序如下：

```
GENERATE 15,5;工人 A 每隔 15±5 分钟向工人 C 送去一件半成品
SEIZE 3
ADVANCE 6,2
RELEASE 3
TERMINATE 1
```

```
GENERATE 10,5;工人 B 每隔 10±5 分钟向工人 C 送去一件半成品
SEIZE 3
ADVANCE 6,2
RELEASE 3
TERMINATE 1
START 30
```

这个程序是按照工人 A、B 送来的工件各自所走的路线来编写的。前 5 个块语句与后 5 个块语句明显构成两部分。但是在程序执行时并不是先执行第一部分，再执行第二部分，而是同时执行的。开始两个 GENERATE 块各自产生一个流动实体，随后它们各自进入下一块，两者的下一块都是 SEIZE 3，即都试图占用设备 3。于是先到的得以占用设备 3，后到的则因设备 3 已被占用便暂时受阻。程序中有两个 TERMINATE 1，表示流动实体通过这个块便在模型中消失了，同时终止计数器的值减少 1。这样工人 C 加工完 30 件便结束，而不计较这 30 件中 A 送来几件和 B 送来几件。

3. 实现方式二

上述程序中存在着在设备 3 上加工的四个语句的重复。使用一个转移语句，可以简化原来的程序，简化后的程序如下：

```
GENERATE 15,5
TRANSFER  ,LA
GENERATE 10,5
LA SEIZE 3
ADVANCE 6,2
RELEASE 3
TERMINATE 1
START 30
```

程序中的第二行是无条件转移模式的转移块，流动实体通过这一块时被无条件地转移到 LA。第三行是 GENERATE 块，不允许其他流动实体通过。在程序中如果没有那个转移块，流动实体无法通过 GENERATE 语句，程序编译会提示错误。

A.5　函数、优先权与参数

A.5.1　函数与抽样

1. 函数的定义与应用

考虑只有一个服务员的排队系统。顾客到来间隔时间是离散型随机变量，其概率分布表如附表 A.1 所示。

附表 A.1　顾客到达时间间隔及概率

时间间隔/秒	80	90	100	110	120
概率	0.1	0.2	0.4	0.2	0.1
累计概率	0.1	0.3	0.7	0.9	1.0

上述概率分布无法用均值与半宽的方式表示，需要定义函数。

上述函数的定义需要用到 GPSS 中的随机数发生器。产生（0，1）均匀分布随机数的子程序叫随机数发生器。GPSS 设置了 8 个随机数发生器，产生（0，1）均匀分布随机数，分别表示为 RN1，RN2，…，RN8。随机数发生器的种子不同，随机数列不同。用语句 RMULT A，B，C，D，F，E，G;规定随机数发生器的种子，种子为正奇数。例如，RMULT ,,3,31 规定 3 号和 4 号随机数发生器的种子分别为 3 和 31。

函数定义语句的格式如下：

NAME FUNCTION A,B

其中，NAME 为函数名，A 为函数的自变量，B 为函数类型和数据量标志。

函数名 NAME 为字符串。随机数发生器作为自变量时，其值是 0 与 1 之间的浮点数。域 B 表示函数类型和定义函数使用的数据组数。函数类型分为离散型和连续型。离散型用 D 表示，连续型用 C 表示。在 C 或 D 后边紧跟着一个整数表示数据组数。在函数定义语句的下一行必须是数据行。若域 B 是 D3，数据行有三组数据。每组之间用斜杠分隔开。每组数据中的第二个值，可以是标准字符。

针对附表 A.1 中的到达时间间隔规律可进行如下函数定义：

```
ARRTIME  FUNCTION  RN1,D5
0.1,80/0.3,90/0.7,100/0.9,110/1,120
```

在上面的函数定义语句中，前边的 ARRTIME 是这个函数的名称，RN1 为函数的自变量，D 表示该函数是离散型的，5 表示 5 种可能的取值。后边紧跟着的是数据行，表示 RN1 取值范围及其对应的 ARRTIME 的函数值。

在程序中调用这个函数时，RN1 产生一个（0，1）均匀分布的随机数，然后按给出的公式计算出所求的函数值，计算方法如下：

$$ARRTIME = \begin{cases} 80 & RN1 \leqslant 0.1 \\ 90 & 0.1 < RN1 \leqslant 0.3 \\ 100 & 0.3 < RN1 \leqslant 0.7 \\ 110 & 0.7 < RN1 \leqslant 0.9 \\ 120 & 0.9 < RN1 \leqslant 1 \end{cases}$$

现在考虑连续函数，函数定义语句如下：

```
PROTIME FUNCTION RN3,C4
0,80/0.25,90/0.75,100/1,110
```

其中，PROTIME 是函数的名称。RN3 为三号随机数发生器，是该函数的自变量。C4 表示该函数是由 4 个点决定的折线，C 表示连续型函数。数据行规定了决定折线形状的四个点。函数 PROTIME 如附图 A.7 所示。

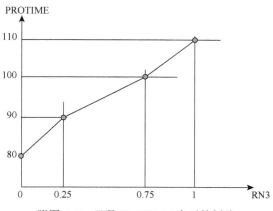

附图 A.7　函数 PROTIME 表示的折线

函数的标准字符为 FN，引用参数的格式为 FN$NAME。例如，在程序中分别使用 FN$ARRTIME 和 FN$PROTIME 引用上述两个函数。假设函数 ARRTIME 表示顾客到达时间间隔，函数 PROTIME 表示服务时间，则在程序中的 GPSS 语句写法如下：

```
GENERATE  FN$ARRTIME;到达时间间隔由函数 ARRTIME 确定
ADVANCE  FN$PROTIME;服务时间由函数 PROTIME 确定
```

2. 服务时间依赖于队长时的函数定义

函数的自变量可以是随机数发生器，也可以是其他的量，可以根据需要进行定义。考虑只有一个服务员的排队系统，服务时间为 $a\pm2$，a 的数值依赖于当时的队长。当队长不超过 2 时 $a=10$，队长大于 2 但不超过 5 时 $a=8$，队长超过 5 时 $a=5$。

定义一个函数来描述 a，自变量是当前队长。函数定义如下：

```
FWTIME FUNCTION Q2,D3
2,10/5,8/9000,5
```

其中，自变量 Q2 表示队 2 的长度，函数类型为离散型，由 3 个数据点确定。函数 FWTIME 的计算公式如下：

$$FWTIME = \begin{cases} 10 & Q2 \leqslant 2 \\ 8 & 2 < Q2 \leqslant 5 \\ 5 & Q2 > 5 \end{cases}$$

A.5.2　优先权

1. 优先权的概念

在排队系统中不同的顾客可以有不同的优先级，优先级高的顾客在争取尽快得到服务方面有一定的优先权。当服务员服务完一个顾客后，便从等待的顾客中指定优先级最高的一个来对他服务，尽管这个顾客可能不是先来的。在优先级相同的顾客中仍按先到先服务的原则。另外，当服务员正在服务的过程中时又来了高优先级的顾客，这时的调度规则有两种。

（1）非强占型优先规则。在这种规则下，服务员继续对原来的顾客进行服务直到完成。

（2）强占型优先规则。在这种规则下，服务员暂时停止对原来顾客的服务，立即开始对新到的高优先级的顾客服务。直到系统中没有高优先级顾客时再恢复对原来的顾客服务。

本小节先介绍非强占型优先规则的仿真程序。流动实体的优先级有 128 个，级数为 0～127，默认为 0。流动实体的优先级可在产生时的 GENERATE 块中规定，也可以在程序中用 PRIORITY 块改变优先级。PRIOTIRY 语句格式如下：

PRIORITY A,B

这个模块用来规定流动实体的优先级，域 A 的值将代替现存流动实体的优先级。B 为选用项，可以为 BUFER。例如，流动实体通过 PRIORITY 5 这个块，优先级即变为 5。

2. 一个优先权服务系统的仿真

一个小诊所只有一名医生，该诊所为普通和急诊两类患者服务，急诊患者的到达时间间隔为 60±20 分钟，普通患者的到达时间间隔为 20±10 分钟。医生优先为急诊患者看病。两类患者的看病时间均为 15±10 分钟。对该诊所仿真到为 100 位患者看病结束为止。

由于急诊患者比普通患者具有更高的优先权，所以将急诊患者的优先级设为 1，普通患者的优先级默认为 0。用两个 GENERATE 语句分别模拟两类患者的到达。模拟程序如下：

```
GENERATE 60,20
PRIORITY 1;急诊患者优先权为 1
TRANSFER  ,LA
GENERATE 20,10
LA QUEUE 1
SEIZE 1
DEPART 1
ADVANCE 15,10
RELEASE 1
TERMINATE 1
START 100
```

A.5.3 流动实体的参数

1. 参数的赋值

参数用来记录每个流动实体的信息，每个流动实体都可以有多个参数。因此，可以认为参数是用来描述流动实体的自身特征或属性的方式。参数的赋值用 ASSIGN 语句块，格式如下：

ASSIGN A,B

这个模块用来将数字值赋予流动实体的参数或修改流动实体参数的内容。其中，A 为参数号。若标以+或−，则该参数将分别加上或减去由域 B 所规定的值，该值将取代参数的当前内容。B 为对参数赋予、加上或减去的数值。没有经过 ASSIGN 块赋值的参数其值自动规定为 0。参数的标准字符为 P，P1 表示参数 1，P2 表示参数 3。

例如，流动实体通过块 ASSIGN　1,5 时，它的 1 号参数便具有了值 5，即 P1=5。

下面给出几个参数赋值的应用举例：

```
ASSIGN 1,20;P1=20
ASSIGN 1+,20;P1=P1+20
ASSIGN 2-,3;P2=P2-3
```

在语句中参数作为域时，使用标准字符 P。例如，QUEUE P1 流动实体通过此块，它就被排入了 P1 号队。

2. 参数的应用

仍然考虑前面诊所的例子，但我们把两类患者排成两个队，对于不同的患者赋予不同的参数值，然后按照参数值排入不同队列中。

```
GENERATE 60,20
ASSIGN 1,1;急诊患者 P1=1
PRIORITY 1
TRANSFER  ,LA
GENERATE 20,10
ASSIGN 1,2;普通患者 P1=2
LA QUEUE P1;急诊患者排入队 1,普通患者排入队 2
SEIZE 1
DEPART P1
ADVANCE 15,10
RELEASE 1
TERMINATE 1
START 100
```

在块 QUEUE P1 中，参数 P1 的值，可能是 1 也可能是 2，这取决于流动实体是由哪个 GENERATE 块产生的。流动实体通过块 QUEUE P1 便根据 P1 的值被排入队 1 或队 2。

A.6　保留值、变量、表、矩阵

A.6.1　保留值和变量

1. 问题描述

系统的运行行为常常与某种费用联系在一起，前面的例子均未涉及费用，本小节介绍通过系统仿真来计算有关费用。

在一个工厂，4 个工人各自装配同一种产品，装配一件所需时间为 30±5 分钟，装配完一件以后接着作热处理，4 人合用一个热处理炉，热处理一件产品所需时间为 8±2 分钟，所涉及的费用如附表 A.2 所示。对一个班日（8 小时）的生产情况进行仿真并计算利润。考察工人人数为 4 人的方案。

附表 A.2　相关费用

项目	费用
工人工资（每人）	15 元/8 小时
炉具费	40 元/8 小时
原材料	3 元/件
产品售价	6 元/件

编写这个模型的仿真程序，需要计算利润并存储下来，用到保留值和变量，下面先介绍保留值和变量的用法。

2. 保留值

保留值（SAVEVALUE）是 GPSS 的一种实体。保留值的含义同数学中的变量相似。每个保留值均由用户命名。可以通过初值定义语句对保留值赋初值，在程序中也可以改变它的值。不赋初值的保留值其初值规定为 0。

保留值初值定义语句的形式如下：

INITIAL　A,B

其中，A 规定要给哪个保留值赋初值，B 为赋予保留值的初值。例如，INITIAL X1，3 含义是令保留值 1 的初值为 3，这里数 1 是保留值的名字。

在程序中利用语句 SAVEVALUE 可以改变保留值的值。其语句形式为

SAVEVALUE　A,B

这个模块提供对域 A 所规定的保留值改变数值的功能，以赋值、加上或减去由域 B 所定义的数值。其中，A 为保留值名，可以带+、−号，表示在原来数值的基础上加上或减去 B 表示的值。

例如，SAVEVALUE　1,5 令保留值 1 的值为 5，SAVEVALUE　1+，5 令保留值 1 原来的值加上 5 作为它的新值，SAVEVALUE 3−，P7 令保留值 3 原来的值减去参数 7 的值作为保留值 3 的新值，这里的参数 7 是指通过这一块的流动实体的参数 7。

保留值的标准字符是 X，X1 表示保留值 1，X$PROFIT 表示保留值 PROFIT。

对于本小节提出的模型，我们先不涉及费用，编写一个仿真程序如下：

```
GENERATE    ,,,4;在仿真开始时产生 4 个流动实体,表示 4 个工人来上班
BACK1 ADVANCE 30,5;工人进行产品装配
SEIZE 1;试图占用热处理炉
ADVANCE 8,2;热处理
```

```
RELEASE 1
TRANSFER  ,BACK1;热处理完成后,工人返回 BACK1 开始新产品的装配
GENERATE 480
TERMINATE 1
START 1
```

3. 变量

对于以上讨论的装配与热处理模型，生产一班得到的利润是

$$利润=3×（完成件数）-40-15×（工人个数）$$

计算利润需用到 GPSS 的变量。变量也是 GPSS 的一种实体，其含义与数学中的表达式类似。在现实系统中，当需要通过公式进行计算时，就要用到变量。变量的语句形式如下：

NAME VARIABLE exp

其中，**NAME** 为变量名，exp 为表达式。表达式由标准字符、常数与运算符按合法的规则构成。例如：

```
INCOME VARIABLE 5×Q1+3-2#X$WORKER
```

这个语句定义了变量 INCOME，即变量 INCOME 的值等于 5×（队 1 的内容）+32×（保留值 WORKER）。

特别注意，在 GPSS World 中，用#表示"乘"。

变量定义语句只是规定了计算变量值所遵从的公式。在程序中引用这个变量时才能计算它的值，引用变量 INCOME 用标准字符 V$INCOME 表示。例如：

```
ASSIGN 2,V$INCOME
```

这是参数赋值语句，它将变量 INCOME 的值送给参数 2。在不同的仿真时刻引用同一个变量，得到的值可能是不同的。

现在继续考虑我们的模型，利润公式中的完成件数，从前面的程序中来看就是通过块 RELEASE 1 的流动实体个数。我们给这个块语句标上一个标号 MADE，那么通过这个块的流动实体总数用标准字符 N$MADE 表示。4 个工人的情况和计算利润的仿真程序如下：

```
PROFIT VARIABLE 3#N$MADE-100;定义变量,给出利润计算公式
GENERATE  ,,,4
BACK1  ADVANCE 30,5
SEIZE 1
ADVANCE  8,2
MADE  RELEASE 1
TRANSFER  ,BACK1
GENERATE 480
SAVEVALUE PROFIT,V$PROFIT;在结束时计算利润,并存入保留值
TERMINATE 1
START 1
```

A.6.2 队表和表

1. 队表语句

流动实体的排队时间又称为在队停留时间，是离队时刻与入队时刻的差。对于某个指定的队，第 k 个通过该队的流动实体其在队停留时间记作 W_k。假定通过这个队共有 n 个流动实体，那么这一组数 $W_1, W_2, \cdots, W_n$ 反映了在队停留时间的统计规律。如果把"在队停留时间"看成一个随机变量 W，于是 $W_1, \cdots, W_n$ 就是 W 的一组样本值。对这组样本作直方图，把实数轴划分为几个小区间，随后计算出这组样本落在每个小区间的个数，这组个数就是流动实体在队停留时间分布表。附表 A.3 给定了停留时间分布表的结构，表中尚未填入样本数据。

附表 A.3　在队停留时间表

区间	$(-\infty, 4]$	$(4, 9]$	$(9, 14]$	$(14, 19]$	$(19, +\infty)$
样本个数					

在 GPSS 中用定义语句来规定表的结构。在队停留时间表，简称队表，其定义语句格式是

NAME QTABLE A,B,C,D

其中，NAME 是表名，A 是队名（号），B 是最左区间的上限，C 是当中区间的长度，D 是区间个数。例如，与附表 A.3 结构相同的队表定义语句如下：

QB1 QTABLE 1,4,5,5

下面程序定义了一个队表 QB1，对流动实体在队 1 的停留时间进行统计。

```
QB1  QTABLE  1,4,5,5;定义队表,统计流动实体在队列 1 的排队时间
GENERATE 16,9
QUEUE 1
SEIZE 1
DEPART 1
ADVANCE 15,1
RELEASE 1
QUEUE 2
SEIZE 2
DEPART 2
ADVANCE 15,8
RELEASE 2
TERMINATE 1
START 100
```

程序中有两个队，队 1 与队 2，但队表定义语句指的是队 1，所以只对队 1 建立队表。

当一个流动实体离开队 1 即通过 DEPART1 块时，程序自动计算这个流动实体在队 1 的停留时间，并且在表的适当栏内累加上 1。程序执行完后自动打印出每个表的输出报告，见附表 A.4。

附表 A.4 仿真报告中的在队停留时间表

TABLE	MEAN	STD.DEV.	RANGE	FREQUENCY	CUM.%
QB1	11.332	11.419	≤4	36	35.29
			4~9	19	53.92
			9~14	13	66.67
			14~19	9	75.49
			>19	25	100.00

附表 A.4 说明，流动实体在队 1 中的平均停留时间是 11.332，标准差是 11.419。其中，排队时间落入区间 $(-\infty, 4)$ 中的数据有 36 个，占全部流动实体的 35.29%。落入最右边区间 $(19, +\infty)$ 的数据有 25 个。

由定义语句 QTABLE 定义的队表，其数据是在某个队停留的时间。队表是表的一种特殊形式，是统计量为在队停留时间的表。如果我们要用其他类型的数据做表，则必须使用 TABLE 定义语句进行定义。

2. 表语句和制表语句

GPSS 语言中的 TABLE 对应现实中的样本区间分布数量统计表。TABLE 也是一种永久实体，用下面定义语句进行定义：

NAME   TABLE   A,B,C,D

其中，NAME 为表名（号），A 为表变量，用标准字符表示，域 B、C、D 的含义同 QTABLE 定义中的 B、C、D 含义相同。

例如，要定义一个自变量为经历时间 M1 为表变量的表 BIAO5，定义语句如下：

BIAO5   TABLE   M1,4,5,8

其中，BIAO5 是表名，M1 是经过时间。表定义语句只是规定了表的名称、结构及数据的类型。要把数据填入到表中去还需使用制表语句 TABULATE，语句格式为

TABULATE   A,B

这个模块在域 A 规定的表格中登记一个记录项。制表的类别取决于与 TABULATE 模块相联系的 TABLE 定义语句。其中，A 为表号或表名，每个表必须由表定义语句定义。B 为选用项，表示权因子，即将若干单位（加权因子）加到列入自变量的频率分布表的项目中去，如果省略则默认为 1。

TABULATE 制表语句与表定义 TABLE 语句要在一个程序中成对出现。例如，针对 BIAO5 的制表语句为

```
TABULATE BIAO5
```

流动实体通过此块，便按它的经过时间在 BIAO5 中的适当栏目内累加一个数。

　　下面介绍一下在 BIAO5 定义中用到的标记时间和经过时间（TRANSIT TIME）的概念。标记时间通常是这个流动实体进入模型时的时钟时间，每个流动实体有自己的标记时间。一般将当前时钟时间与标记时间之差称为一个流动实体的经过时间。经过时间的含义要根据在程序的位置考察而定。经过时间用标准字符 M1 表示。

　　下面的程序以流动实体在整个模型中的停留时间为变量作表，用 TABLE 语句定义表 BIAO5，表变量为 M1，并在合适位置用 TABULATE 语句制表。

```
BIAO5  TABLE M1,4,5,8;定义表 BIAO5,表变量为经过时间 M1
GENERATE 16,9
QUEUE 1
SEIZE 1
DEPART 1
ADVANCE 15,10
RELEASE 1
QUEUE 2
SEIZE 2
DEPART 2
ADVANCE 15
RELEASE 2
TABULATE BIAO5;制表位置决定了 M1 代表的不同经过时间含义
TERMINAT 1
START 100
```

　　在上面的程序中，TABULATE BIAO5 出现的位置很重要，它决定着表 BIAO5 的含义。如果把这个语句换到 DEPART 1 的后面，那么表 BIAO5 的内容便与队列 1 的在队停留时间表相同。

3. MARK 语句

　　MARK 语句主要用于对流动实体在各阶段的时间进行统计的现实场景，语句格式如下：

MARK　A

　　域 A 为选择项，当域 A 省略时，用当前时钟时间 C1 替换流动实体的标记时间。在域 A 存在的情况下，便将当前时钟时间记录到流动实体的参数 A 中。

　　在上面的程序中，如果在 DEPART 2 块之后加一个 MARK 块。程序其他处均不改变，这样得到的 BIAO5 统计流动实体在设备 2 的停留时间表。

　　现在利用上面的基本程序生成 5 个表，这些表的意义是：

　　表 1 为流动实体在队 1 的停留时间；表 2 为流动实体在设备 1 的停留时间；表 3 为流动实体在队 2 的停留时间；表 4 为流动实体在设备 2 的停留时间；表 5 为流动实体在模型中的停留时间。

　　这个模型的仿真程序如下：

```
BIAO1 TABLE M1,2,5,6;定义表 1
```

```
BIAO2 TABLE M1,5,5,5;定义表 2
BIAO3 QTABLE 2,2,5,6;定义表 3
BIAO4 TABLE M1,5,5,5;定义表 4
BIAO5 TABLE P2,10,10,9;定义表 5
GENERATE 16,9
MARK 1
QUEUE 1
SEIZE 1
DEPART 1
TABULATE BIAO1;制表 1
MARK
ADVANCE 15,10
RELEASE 1
TABULATE BIAO2;制表 2
QUEUE 2
SEIZE 2
DEPART 2
MARK
ADVANCE 15,8
RELEASE 2
TABULATE BIAO4;制表 4
MARK 2
ASSIGN 2-,P1
TABULATE BIAO5;制表 5
TERMINATE 1
START 100
```

4. 队长表

前面介绍的几种表，表变量都是时间，表中的数据都是通过对每个流动实体进行观察而得出的。现在考虑以队的内容（队长）为变量作表，一个队在仿真时间内不同时刻它的内容一般是不同的。在一组时间点上观察队的内容，并把观察结果做成表，这种表反映了随时间变化队长变化的统计规律。

队长用标准字符 Q 表示，如 Q1 表示队 1 队长。以 Q1 作表变量的定义语句如下所示：

`BIAO6 TABLE Q1,0,1,5`

其中，Q1 是表变量，数值 0，1，5 的意义同前。假定每隔两个时间单位对队的内容做一次观察，程序如下：

`BIAO6 TABLE Q1,0,1,5;定义表 BIAO6,以 Q1 为表变量,观察队长`
`HSH FUNCTION RN1,C5`

```
0,0/0.1,3/0.4,5/0.8,9/1,12
GENERATE FN$HSH
QUEUE 1
SEIZE 1
DEPART 1
ADVANCE 10,4
RELEASE 1
TERMINATE 1
GENERATE ,,,1
BK TABULATE BIAO6;与 ADVANCE 结合实现每隔 2 分钟观察一次队长
ADVANCE 2
TRANSFER ,BK
START 100
```

在上面的程序中，GENERATE ,,,1 在仿真开始时刻产生一个流动实体，它通过 TABULATE BIAO6 便在表 BIAO6 中累加上一个数。由于表 BIAO6 的变量是 Q1，所以先要观察队 1，得到当前 Q1 的值，随即在表 BIAO6 的适当栏内累加上 1。流动实体通过下一块即延迟 2 个单位时间，接着又转回 BK 块。这样实现了每隔 2 个时间单位对队长进行一次观察，并生成统计表。

A.6.3 矩阵

1. 问题描述

在一道工序上有三台相同的加工设备。工件到来间隔时间是 10±3 分钟，一台设备加工一件所需时间是 25±5 分钟。从平均的意义上说，每 10 分钟送来一个工件，1/10 叫作到来密度，表示单位时间（1 分钟）内到来的工件数。一台设备 25 分钟加工一个工件，三台设备每 25/3 分钟加工一件，3/25 叫作这组设备的加工能力，其意义是一分钟能完成的件数。

实际生产过程在时间上可能是间断的，加工设备在白天 8 小时进行生产，但是前一天送来而没有加工完的工件在第二天要继续加工。所以生产过程实质上与连续进行没有区别。例如，10 天的生产过程，相当于连续进行 80 小时。

当运行时间很长的时候，排队等待加工的工件会不会越来越多以致能达到任意多个的情形？这是系统的稳定性问题。如果不会出现上面的情形，则称这个系统是稳定的。容易理解，系统稳定的条件是设备的加工能力大于工件的到来密度。对于本节的例子，3/25＞1/10，故稳定性条件满足。

将时刻 0～480 的仿真结果作为一天生产的情况，不甚合理。因为在仿真程序开始执行时模型是空的，没有反映"前一天可能还有几件没有做完"这样的事实。一次仿真结果只是一个统计抽样，需经多次抽样取平均数作为仿真结果才更可靠。

为解决这两个问题，采取的方法是首先让程序运行一段时间，如两天。这两天的仿真结果受模型初始状态的影响，所以将这两天的仿真结果舍去不要，但是保持模型当时的现场，然后再让程序运行 5 天，以 5 天的平均结果作为一天的结果。实现上述功能，需要用到 RESET 语句。

注意 RESET 语句与 CLEAR 语句的功能与区别。RESET 语句把所有累计量置 0，即重新开始累计，把相对时钟时间置 0，模型的状态不改变。例如，队 1 中有两个流动实体仍保持不改变，保留值的值与逻辑开关的状态也不改变。CLEAR 语句是清除模型，重新开始。

下面是本节例子的仿真程序：

```
SHEBEI  STORAGE 3
GENERATE 10,3
QUEUE 1
ENTER SHEBEI
DEPART 1
ADVANCE 25,5
LEAVE SHEBEI
TERMINATE
GENERATE 480
TERMINATE 1
START 2,NP;运行 2 天,不输出仿真结果
RESET;重新开始统计
START 5;运行 5 天,统计仿真结果
```

这个程序的输出报表是 5 天的平均结果。如果希望把 5 天中每天的完成件数、存储器利用效率和平均队长打印在一张表格中，就需要对每天运行情况进行统计，并记录在矩阵保留值中。

2. 矩阵保留值

矩阵保留值是 GPSS 中的永久实体，需要进行定义。矩阵保留值的作用是以类似表格的形式记录模拟运行的数据。矩阵保留值又简称矩阵，矩阵保留值的含义与数学中的矩阵相同，它有若干行若干列元素，每个元素是一个保留值。在程序中使用一个矩阵需经过定义语句定义。矩阵定义语句的形式是

NAME　MATRIX　A,B,C

其中，NAME 为矩阵名，A 为矩阵类型，在 GPSS/World 中省略，B 为矩阵的行数，C 为矩阵的列数。

例如，定义一个名为 JUZHEN 的矩阵，该矩阵有三行五列，定义语句如下：

```
JUZH MATRIX ,3,5
```

矩阵元素的初始默认值为 0。在程序中改变矩阵元素的值，使用矩阵赋值语句，语句形式为

MSAVEVALUE　A,B,C,D

这个模块用与 SAVEVALUE 模块同样的方法将信息存储或加入到矩阵保留值中，或

从中减去相应的数值。其中，A 为矩阵名或号，可以带 "+" 或 "−"，指明从当前内容中是加上还是减去数值。B 为矩阵元素的行号，C 为矩阵元素的列号，D 为存储、加上或减去的值。

例如，将矩阵 INCOME 的第一行第三列的元素值赋值为 4，语句如下：

MSAVEVALUE INCOME ,1,3,4

令矩阵 ARRY，P1 行 3 列的元素在原来的值上加上 FN$PROFIT 的值作为它的新值，语句如下：

MSAVEVALUE ARRY+,P1,3,FN$PROFIT

对前面提出的模型，连续进行 5 天的仿真，把 5 天中每天的完成件数、存储器利用效率和平均队长打印在一张表格中，用矩阵实现，程序如下：

```
RESULT MATRIX,3,5;定义矩阵
SHEBEI STORAGE 3
GENERATE 10,3
QUEUE 1,10
ENTER SHEBEI
DEPART 1,10
ADVANCE 25,5
LEAVE SHEBEI
CP TERMINATE
GENERATE 480,,,2
TERMINATE 1
START 2,NP
RESET
GENERATE 480,,1440
SAVEVALUE 1+,11;X1=X1+1
MSAVEVALUE RESULT,1,X1,N$CP;第 1 行第 X1 列的值为 N$CP
MSAVEVALUE RESULT,2,X1,SR$SHEBEI;第 2 行第 X1 列的值为 SR$SHEBEI
MSAVEVALUE RESULT,3,X1,QA1;第 3 行第 X1 列的值为 QA1
TERMINATE 1
START 1,NP;（第一天）
RESET
START 1,NP;（第二天）
RESET
START 1,NP;（第三天）
RESET
START 1,NP;（第四天）
RESET
START 1,NP;（第五天）
```

矩阵 RESULT 有 3 行 5 列，每列记录一天的仿真结果。保留值 1 表示矩阵的列。矩阵第一行记录的 N$CP 表示每天完成的件数。第二行记录的 SR$SHEBEI 表示存储器 SHEBEI 的使用效率（三位整数，千分数，如 827 表示使用效率是千分之 827）。第三行记录的 QA1 表示队 1 的平均内容。程序执行完自动打印出矩阵的内容。在 GPSS World 中，显示在菜单 Window/Simulation Window/Matrix Window 中。

A.7　逻辑开关、检测语句、选择语句与循环语句

A.7.1　逻辑开关和门语句

1. 逻辑开关

仍考虑 A6.1 小节中的装配与热处理模型，规定仿真到时刻 480 结束。此时可能有的工人做了某件产品的一部分工作，特别是热处理进行了一半就停止显然不符合实际情况。现在规定在时刻 450 以后不再开始制作新的产品，但是要把已经开始的工作完成。

GPSS 中有一种实体叫逻辑开关，对程序中使用的每个逻辑开关用户均需给以命名，字符串作为逻辑开关的名。逻辑开关不需要定义语句来定义，在程序中引用某个逻辑开关时系统便认为这个逻辑开关是存在的。逻辑开关有两个状态 SET 与 RESET，在计算机内部分别用 1 与 0 表示。逻辑开关默认的初始状态为 RESET。可以用初值语句来规定逻辑开关的初始状态，也可用开关语句改变逻辑开关的状态。逻辑开关赋初值语句如下：

INITIAL　A,B

其中，A 表示赋初值的逻辑开关，用标准字符 LS$NAME 的格式，NAME 是逻辑开关的名称。B 为逻辑开关的状态，用 S 表示 SET，用 R 表示 RESET。

在 GPSS 程序中，可以根据需要对逻辑开关的状态进行改变，使用 LOGIC 语句块，语句格式如下：

LOGIC　aux　A

这个模块将域 A 所指的逻辑开关置于由 aux 辅助操作符所规定的状态。其中，A 为开关名或号，aux 为辅助操作符，有三种选择。

（1）S：打开逻辑开关。

（2）R：关闭逻辑开关。

（3）I：翻转逻辑开关（使开关从开变为闭或从闭变为开）。

例如，将逻辑开关 1 置于 SET 状态的语句为 LOGIC S 1，将逻辑开关 P1 置于 RESET 状态的语句为 LOGIC R P1。

2. 门语句

逻辑开关、存储器和设备等实体都有不同的状态。例如，逻辑开关的 SET 与 RESET、存储器的空与不空、设备的忙与空闲等。在有些系统中，需要检测实体的状态，满足状态条件时流动实体才可以通过。

块语句 GATE 可以检验指定实体的状态。这个块相当于一个门，当指定的条件（状态）成立时，允许流动实体通过，否则便转移或受阻。GATE 语句的形式为：

GATE　aux　A,B

其中，aux 为指定的实体状态，A 为需要判断状态的永久实体，B 为状态不满足时流动实体的去向。该模块能以两种方式起作用。

（1）拒绝式：在这种情况下，只有在条件满足时，此模块才接受流动实体通过，否则受阻。

（2）多个出口式：若条件满足，此模块接受流动实体并立即送它到下一个顺序模块中去；若条件不满足，则把流动实体送到另外指定的模块中去。

这两种方式的不同点在于是否使用域 B 以指定一个另外的出口。首先，根据辅助操作符 aux，测试由域 A 规定的永久实体的状态。在域 B 存在的情况下，若条件不满足，流动实体就被送到由域 B 所指定的模块中去；若条件满足，则送到下一个顺序模块。如果域 B 省略，则条件满足就接收流动实体到本模块中，否则就拒绝。

根据实体类型的不同，辅助操作符 aux 表示的状态也有所不同。对于设备、存储器和开关三种实体，相应的辅助操作符如下。

1）设备

用于与设备有关的辅助操作符如下。

U：设备被使用。

NU：设备未被使用。

I：设备被强占。

NI：设备未被强占。

2）存储器

用于与存储器有关的辅助操作符如下。

SF：存储器满。

SNF：存储器不满。

SE，存储器空。

SNE：存储器不空。

3）开关

用于与开关相关的辅助操作符如下。

LR：逻辑开关处于 RESET 状态。

LS：逻辑开关处于 SET 状态。

下面给出三个门语句的范例及其含义。

GATE　LS 1,BACK1;判断逻辑开关 1 是否对于 SET 状态。是则通过，否则转到 BACK1 块。

当一个流动实体面对这个块时，如果逻辑开关 1 是 SET 状态，那么流动实体便通过这个块；如果逻辑开关 1 是 RESET 状态，那么流动实体转到标号 BACK1 标志的块；若域 B 省略不写，流动实体便在此受阻。

GATE　NU 1;1 号设备未使用，流动实体便通过此块;否则流动实体受阻。

GATE　SE CASHER;如果存储器 CASHER 是空的，流动实体通过此块，否则被阻。

对于这一节开始提出的装配与热处理模型，要完成所有手头的工作才能结束，但时刻450 后不再开始新的工作。需要配合使用逻辑开关和门语句，它的 GPSS 程序如下：

```
WORKERS  STORAGE  4
GENERATE ,,,4
BACK1 GATE LR 1;逻辑开关默认为 RESET 状态,流动实体可以通过
ENTER WORKERS
ADVANCE 30,5
LEAVE WORKERS
SEIZE HEAT
ADVANCE 8,2
RELEASE HEAT
TRANSFER ,BACK1
GENERATE 450
LOGIC S 1;450 时刻将逻辑开关置于 SET 状态,BACK1 块不允许工件通过
GATE SE WORKERS;检测工人手中是否还有正在加工的工件
GATE NU HEAT;检测热处理炉是否正在使用
TERMINATE 1
```

逻辑开关 1 的初始状态是 RESET。在仿真开始时刻产生 4 个流动实体（工人），它们到达后立即通过下一块进入存储器 WORKERS 进行产品的装配。程序的前半部分与以前的程序基本相同。到时刻 450，块 GENERATE 450 产生一个流动实体，它通过 LOGIC S 1 块就把逻辑开关置于 SET 状态，使得在 450 以后由转移块 TRANSFER 送到 BACK1 的流动实体不能再通过块 GATE LR 1，也就是在时刻 450 以后工人不再开始制作新的产品。但是仿真还不能在此时结束，还需每个工人手中的工作均完成装配和热处理才能结束，该功能由程序后边的两个 GATE 块来完成。由 GENERATE 450 产生的流动实体当存储器成为空时通过 GATE SE WORKERS 块，当设备 HEAT 不再使用时流动实体通过 GATE NU HEAT 块，随即通过 TERMINATE 1 块，结束仿真。

A.7.2 检测语句

现实中，往往需要判断某一特征值的大小，也就是一个常数与一个标准字符的值相比较，或者两个标准字符的值相比较，即等于、不等于、大于、大于等于、小于、小于等于这类关系，从而决定流动实体的行进路线。检测语句 TEST 具有这种功能，其语句形式为

TEST aux A,B,C

其作用为测试由逻辑运算符 aux 和域 A、B 所规定的条件。若满足条件，模块就接受流动实体，并送它到顺序下一个模块去；若条件不满足，流动实体就送往由域 C 所指定的模块中去。域 C 省略时，如果不满足条件，模块将拒绝流动实体进入。

aux 逻辑运算符的含义如下。

E：相等。只有在两个自变量相等时，关系为真。

NE：不等。要是两个自变量不相等，关系为真。

L：小于。如果域 A 小于域 B，则关系为真。

LE：小于等于。如果域 A 小于或等于域 B，则关系为真。

G：大于。如果域 A 大于域 B，则关系为真。

GE：大于等于。如果域 A 大于或等于域 B，则关系为真。

例如，为检测通过两个语句块的流动实体数量是否相等，写出以下检测语句：

```
TEST E N$BK1,N$BK2,LB
```

上述语句的功能是如果 N$BK1 的值等于 N$BK2 的值则流动实体通过此块，否则转到标号 LB 标志的块。N$BK1 表示通过以 BK1 为标号的块语句的流动实体总数。如果域 C 的标号不写，则当指定的条件不成立时，流动实体便受阻，直到以后条件成立时它才能通过此块。

将上一段程序中的门语句改成检测语句，可以实现同样的功能。此时，仿真结束条件可叙述为：在时刻 450 之后，进入存储器 WORKERS 的流动实体总数等于从设备 HEAT 退出的流动实体总数时便结束。使用 TEST 语句，将原来的程序改写成为下面的程序：

```
WORKERS   STORAGE  4
GENERATE  ,,,4
BACK1 GATE LR L
BACK1 ENTER WORKERS
ADVANCE 30,5
LEAVE WORKERS
SEIZE HEAT
ADVANCE 8,2
BACK2 RELEASE HEAT
TRANSFER ,BACK1
GENERATE 450
LOGIC S 1;将逻辑开关1置于 SET 状态上
TEST E N$BACK1,N$BACK2;如果 N$BACK1=N$BACK2,则通过
TERMINATE 1
START 1
```

块语句 GATE、TEST 都是通过某种检测来确定流动实体的行进路线，它们的功能有时可以互相代替。GATE 只检测一个实体的状态，而 TEST 通过比较两个标准字符检测两个实体的关系。因而，一般来说 TEST 语句功能更强，使用也更方便。

A.7.3 选择语句

1. 问题描述

考虑银行营业厅的系统模型。某银行营业厅有 5 个营业员接待顾客，服务时间都是 10±5 分钟。顾客到来间隔时间为 3±1 分钟，顾客排成 5 个队。当一个顾客到来时如果有营业员空闲，这个顾客便立即被接待，否则这个顾客便排入最短的一个队。对该银行营业厅

系统进行仿真，仿真 480 分钟的运营情况，统计每个窗口的平均队长、每个营业员忙着的时间比例及顾客平均排队时间。

在前面的模型仿真中，当有多个服务员时，使用存储器。这种模型的假设是顾客排成一个队等待接受服务，即整个服务系统内的先到先服务模式。如果每个服务窗口前面排成一队，则无法用存储器实现，而是将每个服务员看成一个设备。

顾客到达时，要先选择空闲窗口。如果没有空闲窗口，则需要选择最短的队排入。空闲窗口和最短队的选择均需要使用 SELECT 语句。

2. 选择语句

选择语句用于选择满足条件的实体，并将相应的实体号存在指定的参数中。SELECT 语句的格式如下：

SELECT　aux　A,B,C,D,E,F

这个模块选择规定范围内满足辅助操作符 aux 所定义条件的第一个实体，并把该实体的号存入由域 A 所规定的参数中。如果没有实体满足所要求的条件，就把流动实体送往由域 F 所指定的模块去。如果域 F 省略，且没有满足条件的实体，则流动实体通过，令相应的参数值为 0。

SELECT 语句中域的含义如下。

A：流动实体的参数号，存放 B、C 范围内满足条件的实体号，B、C 为实体范围，aux 与 D 规定选择条件。

B：规定被选择实体范围的下限。

C：规定被选择实体范围的上限。

D：当辅助操作符是 L、LE、E、NE、G、GE 时，域 D 为指定的数量。

E：规定实体类型，用标准字符表示，Q 代表 QUEUE、F 代表 FACILITY、S 代表 STORAGE、T 代表 TABLE、V 代表 VARIABLE。

F：没有满足条件的实体时，流动实体的出口模块。

aux：辅助操作符。

常用的辅助操作符及具体含义如下。

MIN：最小值。

E：等于。

G：大于。

GE：大于等于。

L：小于。

LE：小于等于。

NE：不等于。

U：设备被占用。

NE：设备空闲。

SE：存储器空。

SNE：存储器非空。

SF：存储器满。

SNF：存储器非满。

下面给出三个 SELECT 语句的范例和含义解释。

```
SELECT G  2,1,5,3,Q,BK
```

域 E 的 Q 是标准字符，表示队列，因而 1，5 是队名。流动实体试图通过此块时，由队 1 到队 5 依次查找，找出一个队内容大于 3 的并将其队号记入到当前流动实体的参数 2 中，当前流动实体随即通过这个块；如果 5 个队没有内容大于 3 的，流动实体便不能通过此块而转至标号 BK 标志的块；但是如果 BK 处省略不写，流动实体通过 SELECT 块，参数 2 被赋值 0。例如，5 个队的内容依次是 2、0、4、3、6，那么流动实体通过后其参数 2 的值是 3。

```
SELECT MIN 3,1,5,,Q
```

辅助操作符是 MIN，因而域 D、域 F 必然省略，流动实体通过此块，将队 1 到队 5 其内容最小的队号记入到参数 3 中。

```
SELECT NU 4,2,7,,F
```

域 E 的字母 F 是标准字符表示设备。流动实体通过此块时按照由 2 到 7 的顺序找出一个空闲设备并将这个设备号记入到参数 4，如果这些设备都不空闲，参数 4 被赋值 0。

3. GPSS 程序及分析

对有 5 个营业员的银行服务系统进行仿真，顾客到达先选择空闲窗口，若没有空闲窗口，则选择最短的队。该模型的 GPSS 程序如下：

```
GENERATE 3,1
SELECT NU 1,1,5,,F;选择空闲窗口,将空闲窗口号存入参数 1 中
TEST E P1,0,BK;检测是否有空闲窗口
SELECT MIN 1,1,5,,Q;选择最短队,将队号存入参数 1 中
BK QUEUE P1
SEIZE P1
DEPART P1
PRIORITY 1
ADVANCE 18,5
RELEASE P1
TERMINATE 1
```

在上述程序中，首先用 SELECT 语句选择空闲窗口，并将空闲窗口号存入参数 1 中。然后检测参数 1 是否为 0，如果为 0，说明没有空闲窗口，进入下一个语句选择最短的队。如果参数 1 不等于 0，说明有空闲窗口，顾客转到空闲窗口。因此，P1 的值要么等于空闲窗口号，要么等于最短队列号。在程序中，窗口与相应的队列使用一个相同的号码，每个流动实体排入的队列及占用的服务员均用 P1 表示。

A.7.4 循环语句

考虑工件有三个工序进行加工的情况。工件到来间隔时间是 15±5，三个工序的加工

时间均为 3。对于这个模型，读者不难编写出它的仿真程序，仿真 50 个工件的加工过程。

```
GENERATE 15,5
QUEUE 1
SEIZE 1
DEPART 1
ADVANCE 3
RELEASE 1
QUEUE 2
SEIZE 2
DEPART 2
ADVANCE 3
RELEASE 2
QUEUE 3
SEIZE 3
DEPART 3
ADVANCE 3
RELEASE 3
TERMINATE 1
START 50
```

上述程序有三个段落，除队、设备、函数名不同之外，三个段落的语句构成是完全相同的，相同的程序结构重复出现。

使用流动实体的一个参数，如参数 1，流动实体产生后，令 P1 为 1，这样在第一道工序上的程序也可以写成：

```
QUEUE P1
SEIZE P1
DEPART P1
ADVANCE 3
RELEASE P1
```

在通过第一道工序之后令 P10 为 2，这样在第二道工序上的程序仍然是上面 5 个语句。第三道工序也类似。于是可以把前面的程序写为

```
GENERATE 15,0
LA ASSIGN 1+,1
QUEUE P1
SEIZE P1
DEPART P1
ADVANCE 3
RELEASE P1
TEST E P1,3,LA
```

```
TERMINATE 1
START 50
```

对于现在的程序，流动实体产生后它的参数值全为 0，当然 P1 也是 0。通过语句 ASSIGN l+, 1 之后，P1 的值是 1。直到通过 RELEASE P1，就是完成了在第一道工序上的加工。经过 TEST 语句的检验，因 P1≠3，流动实体被送到 LA 块。P1 在原来值的基础上再加 1，即成为 2。再通过下面几个语句就相当于在第二道工序上加工，随后再转回 LA 块执行一遍，直到 P1 的值成为 3，流动实体通过 TEST 语句、TERMINATE 语句退出系统。

总之，上面的程序是利用 ASSIGN 和 TEST 两个语句配合实现循环功能。

另外，使用 LOOP 语句也能实现循环。LOOP 语句的形式为

LOOP   A,B

其中，A 为控制循环次数的参数，B 为块语句标号，即当参数不等于 0 时，流动实体转去的块语句。当流动实体进入此模块时，将域 A 规定的参数减 1。若结果减小到 0，则流动实体继续到下一个顺序的模块。若不为 0，则流动实体被送到域 B 指定的模块。

通过例子来说明这个语句的功能。

例如，语句 LOOP   5,LA 的含义如下：

流动实体通过 LOOP 语句时先将参数 5 的值减去 1，然后检验参数 5 的值是否为 0。若不为 0，流动实体转到 LA 块。若是 0，流动实体通过 LOOP 块，继续下一块。使用 LOOP 语句后，前面三个加工工序的 GPSS 程序如下：

```
GENERATE 150,50
ASSIGN 1,3
LA  QUEUE  P1
SEIZE  P1
DEPART  P1
ADVANCE  3
RELEASE  P1
LOOP 1,LA
TERMINATE 1
START 50
```

A.8   分裂、装配与匹配

A.8.1   分裂

1. 问题描述

在生产线的一道工序上，工件成批到来，对工件进行逐件加工。各批到来间隔时间是 30±10 分钟，每批有三个工件，加工一件需时间 10±3 分钟。这样的模型叫成批到来服

务系统。对这种模型进行仿真，需要用到分裂语句 SPLIT，将每次到达的一个流动实体按照成批批量进行分裂，分裂出多个流动实体来表示分批到达的工件。

2. 分裂语句

对成批到达模型进行仿真，要用到分裂语句。分裂语句可以把一个流动实体分裂成多个，语句形式为

SPLIT　A,B

A 为分裂出的子体的数量，B 为块语句标号，指示子体的去向。

当流动实体进入此模块时，分裂出域 A 所规定数量的子体。原来的流动实体叫母体。分裂出的子体连同它们的母体一起，都成为同一家族的成员，或称流动实体装配集合。母体的所有特征都能传递给子体，如优先级、参数值、标记时间等。母体继续移动到下一块，而子体则被送到由域 B 规定的模块中去。

例如，流动实体通过语句 SPLIT 2，LB 时，产生两个新的子体，母体继续通过程序的下一块，子体被送到 LB 标示的语句块。

3. GPSS 程序及分析

对于前面提出的工件成批到来服务系统，使用分裂语句实现，母体每次分裂出两个子体，三个流动实体一起表示成批到达的零件。GPSS 程序如下：

```
GENERATE 30,10
SPLIT 2,BK;分裂
BK QUEUE 1
SEIZE 2
DEPART 1
ADVANCE 10,3
RELEASE 2
TERMINATE 1
START 60
```

程序中 SPLIT 语句分裂出两个子体，连同母体共三个都同时加入队 1，这就是每批到来三个工件。

如果每批的工件数不是固定的而是一个随机变量，假定它的批量分别是 2、3、4，对应的概率分别是 0.3、0.5 和 0.3，则需要先定义一个分裂数量的函数，并在分裂语句中引用该函数。上述程序可以改写为

```
FEN FUNCTION RN1,D3
0.3,1/0.8,2/1,3
GENERATE 30,10
SPLIT FN$FEN,BK
BK QUEUE 1
SEIZE 2
```

```
DEPART 1
ADVANCE 10,3
RELEASE 2
TERMINATE 1
START 60
```

A.8.2　装配

1. 问题描述

考虑一个生产流程，零件到来间隔时间是 10±5 分钟。把三个同一类型的零件装配成一个组合件，装配时间是 25±5 分钟。对该生产流程进行仿真，仿真 100 件产品的装配过程。

对于制造企业内部存在的大量产品装配问题，需要装配语句仿真将多个零件装配成一个产品。另外，由于需要进行装配，必须通过分裂的方式产生流动实体，表示零件的到达，否则不是一个装配集的流动实体无法进行装配。

2. 装配语句

首先介绍装配集的概念。流动实体通过分裂语句可以产生几个子体，每个子体仍然可以通过分裂语句再产生新的下一代。一个流动实体连同它产生的几代流动实体合起来叫一个装配集。同一个装配集中的流动实体可以进行装配、匹配和汇集。

装配语句的作用与分裂语句相反。分裂语句是将一个流动实体分裂为多个流动实体，而装配语句的作用是将多个流动实体合并为一个流动实体。装配语句最常用的现实场景是生产车间里面将多个零部件装配为产品的过程。装配用 ASSEMBLE 语句实现，语句格式如下：

ASSEMBLE　A

A 为要装配的流动实体的数量。该模块与 SPLIT 是互补块。它保留第一个到达的流动实体，使其在模块中等待，直到进入的个数为 A 个，便将这 A 个流动实体装配到一起变成一个，接着作为一个流动实体通过 ASSEMBLE 块。需要特别注意，只有一个装配集的流动实体可以装配到一起。

例如，ASSEMBLE 3 的作用是将三个流动实体装配为一个。流动实体到达此块时要暂时等待，直到有同一装配集的三个流动实体到达此块，装配后作为一个流动实体通过此块，即将三个装配成了一个。

在此之前，我们只知道产生流动实体要用 GENERATE 块。上一阶段介绍的分裂语句也能产生流动实体。排队系统的输入过程也可以通过分裂语句来实现。例如，顾客到来间隔时间为 10±3 分钟的输入过程可以用语句 GENERATE 10，3 来实现，还可以用以下语句实现：

```
GENERATE  ,,,1
LA ADVANCE 10,3
```

```
SPLIT 1,LB
TRANSFER  ,LA
LB  QUEUE 1
```

这里第一个语句在开始时刻产生一个流动实体,延迟时间 10±3 分钟后,分裂出一个子体送到 LB,母体转到 LA 再延迟时间 10±3 分钟后又分裂出一个子体送到 LB。这样循环执行下去,就相当于 GENERATE 语句的功能。用这种方式产生的流动实体属于同一个装配集,可以对它们进行装配和匹配。

3. GPSS 程序及分析

将三个零件组合装配成一件产品,需要使用分裂和装配语句,系统模拟程序如下:

```
GENERATE  ,,,1
LA ADVANCE 10,5;与 SPLIT 结合,相当于每隔 10±5 分钟到达一个零件
SPLIT 1,LB;子体进入装配工序
TRANSFER  ,LA;母体返回 LA 语句
LB QUEUE 1
ASSEMBLE 3;将三个零件装配为一个产品
SEIZE 2
DEPART 1,3
ADVANCE 25,5
RELEASE 2
TERMINATE 1
START 100
```

以前一直把队中的内容理解为队中的流动实体个数,这种理解对以前所讲的问题都是正确的。不过在 GPSS 中队的内容是一个抽象的概念。例如,当有一个流动实体通过语句 QUEUE 1,3 时,队 1 的内容就增加 3,可见如果把流动实体看成顾客,那么队中的顾客数并不等于队的内容。同样地,当有一个流动实体通过语句 DEPART 1,2 时,队 1 的内容减少 2 人。

在程序中用了语句 DEPART 1,3。通过此块的流动实体,相当于模型中的组合件。而通过语句 QUEUE 1 的流动实体相当于模型中的零件。经过 ASSEMBLE 语句后,原来的三个流动实体变成了一个,所以在该流动实体离开队 1 时相当于释放了进入时占用的三个容量。

存储器的内容与队的内容概念相同。例如,流动实体通过语句 ENTER 2,3,存储器 2 的内容增加 3。类似地,一个流动实体通过语句 LEAVE 1,4,存储器 1 的内容减少 4。

A.8.3　匹配

1. 问题描述

对于首先将零件装配成部件,再将不同的零部件装配成产品的过程,需要用到匹配语句,以保证应该装配成一个产品的多个零部件同步到达。

某车间需要将两个 A 零件与一个 B 零件装配成一件产品。A 零件到来间隔时间是 5±2 分钟，B 零件到来间隔时间是 10±2 分钟。装配时间是 10±3 分钟。仿真 100 个产品的装配过程。

为仿真上述问题，需要先将两个零件 A 装配成部件，然后再将该部件与零件 B 装配成产品。在装配过程中，为了防止将两个部件装配在一起或者将两个零件 B 装配在一起的错误发生，需要让两个 A 组成的一个部件和 B 零件同时到达装配语句。

2. 匹配语句

匹配语句用于两个语句的相互匹配，实现经过这两个语句的流动实体分别同时通过这两个语句。匹配语句格式如下：

A MATCH B

其中，A、B 是两个互相匹配的语句标号。匹配语句总是成对出现，相对 A MATCH B 语句，一定会有一个相对应的 B MATCH A 语句出现。这里第一个语句的域是标号 B，而这个语句本身的标号是 A；第二个语句的域是标号是 A，而语句本身的标号是 B，这样的两个标号 A、B 叫一对共轭标号。

这样一对匹配语句使装配集的两个流动实体实现同步。具体来说，当一个流动实体到达一个匹配块时，它要等着另一个流动实体到达另一个匹配块，随后它们同时通过各自的 MATCH 块。

3. GPSS 程序

应用匹配语句和装配语句，实现前面的装配过程，仿真程序如下：

```
GENERATE   ,,,1;在仿真开始时产生一个母体
SPLIT  1,LD;分裂出一个子体,转移到 LD 用于分裂零件 B
LA  ADVANCE 5,2
SPLIT  1,LB;分裂零件 A
TRANSFER  ,LA
LB  ASSEMBLE  2;将两个零件 A 装配成一个部件
AA   MATCH   BB;两个 A 组成的部件与 B 零件同步匹配
TRANSFER  ,DD;转到 DD 与 B 零件进行装配
LD  ADVANCE 10,2
SPLIT 1,BB;分裂出来一个零件 B
TRANSFER  ,LD
BB   MATCH   AA;零件 B 与两个 A 组成的部件进行同步匹配
DD  ASSEMBLE  2
SEIZE 1
ADVANCE 10,3;将两个 A 组成的部件与零件 B 装配成产品
RELEASE 1
TERMINATE 1
START 100
```

附录 B GPSS/World 中常用的标准字符

说明：前面的加黑字符串表示实体类型，*Entnum* 表示实体的名称。如果实体名称用数字表示，可以直接写在实体类型的标准字符后面，否则要在类型字符与名字之间加上符号$。例如，函数 1 的写法是 FN1，函数 PROTIME 的写法是 FN$PROTIME。

AC1：绝对时钟时间，即从上一个 CLEAR 语句到当前的时间。

BV*Entnum*：逻辑型变量 *Entnum* 的值。

C1：相对时钟时间，即从上一个 RESET 语句到当前的时间。

CA*Entnum*：用户链的平均内容。

CC*Entnum*：结到用户链中的实体总数。

CH*Entnum*：用户链中的当前内容。

CM*Entnum*：用户链中的最大内容。

CT*Entnum*：用户链平均停留时间。

F*Entnum*：设备状态。如果设备 *Entnum* 当前忙，则 F*Entnum* 为 1，否则为 0。

FC*Entnum*：设备被占用的次数。

FI*Entnum*：设备 *Entnum* 是否被强占。如果设备 *Entnum* 处于被强占的状态，FI*Entnum* 为 1。否则，为 0。

FN*Entnum*：函数。

FR*Entnum*：设备的利用率。

FT*Entnum*：平均设备占用时间。

FV*Entnum*：设备的可用状态。如果设备可用，FV*Entnum* 为 1，否则为 0。

LS*Entnum*：逻辑开关的状态。如果逻辑开关处于 SET 状态，LS*Entnum* 为 1。否则，为 0。

MP*Parameter*：经过时间。等于当前绝对时钟时间减去参数 *Parameter* 表示的时间。

MX*Entnum*（*m*，*n*）：矩阵保留值。返回矩阵 *Entnum* 中第 *m* 行第 *n* 列的值。

M1：经过时间。等于绝对时钟时间减去流动实体的标记时间（mark time）。

N*Entnum*：进入语句块 *Entnum* 的流动实体数量。

P*Parameter*：参数值。

PR：流动实体的优先权。

Q*Entnum*：队列 *Entnum* 的当前队长。

QA*Entnum*：队列 *Entnum* 的平均队长。

QC*Entnum*：进入队列 *Entnum* 的流动实体总数量。

QM*Entnum*：队列 *Entnum* 的最大队长。

QT*Entnum*：平均在队停留时间，即平均排队时间。

QX*Entnum*：排除排队时间为 0 的流动实体后的平均排队时间。

QZ*Entnum*：排除排队时间为 0 的流动实体数量。

R*Entnum*：存储器的空闲可用容量。

RN*Entnum*：随机数发生器。

S*Entnum*：存储器的在用容量。

SA*Entnum*：存储器的平均使用容量。

SC*Entnum*：存储器的使用总次数。

SE*Entnum*：存储器是否处于空的状态。如果是，返回 1。否则为 0。

SF*Entnum*：存储器是否处于满的状态。如果是，返回 1，否则返回 0。

SR*Entnum*：存储器的利用率。

SM*Entnum*：存储器被使用时的里面的最多流动实体数量。

ST*Entnum*：存储器被流动实体占用的平均时间。

SV*Entnum*：存储器是否处于可用状态。如果是，返回 1；否则，为 0。

TB*Entnum*：表 *Entnum* 统计的流动实体非加权平均数量。

TC*Entnum*：表 *Entnum* 统计的流动实体总数。

TD*Entnum*：表 *Entnum* 统计的流动实体的非加权标准偏差。

TG1：TERMINATION 语句块待消除的流动实体数量。该数量等于 START 语句设置的初始值减去 TERMINATE 语句已消除的数量。

V*Entnum*：变量 *Entnum* 的值。

W*Entnum*：当前停留在块语句 *Entnum* 中的流动实体数量。

X*Entnum*：保留值 *Entnum* 的值。

XN1：活动的流动实体号。